FOME DE MÃE

Kelly McDaniel

tradução

Ana Gabriela Barbosa

FOME DE MÃE

COMO FILHAS ADULTAS PODEM ENTENDER E CURAR-SE DA FALTA DE CUIDADO, PROTEÇÃO E ORIENTAÇÃO

nVersos

Diretor Editorial: Julio César Batista

Produção Editorial: Juliana Siberi

Preparação: Camila Rodrigues

Revisão: Elisete Capellossa, Jéssica Caroline e Amanda Moura

Capa: Marcel Jun Arakaki

Dados Internacionais de Catalogação na Publicação (CIP)
Câmara Brasileira do Livro

McDaniel, Kelly
Fome de mãe: como filhas adultas podem entender e curar-se da falta de cuidado, proteção e orientação / Kelly McDaniel ; tradução Ana Gabriela Barbosa. — 1. ed. — São Paulo: nVersos Editora, 2025.

Título original: Mother hunger.
ISBN 978-65-5315-003-4

1. Abandono afetivo 2. Emoções – Aspectos psicológicos 3. Filhas – Psicologia 4. Mães e filhas – Aspectos psicológicos 5. Mães e filhas – Relacionamento 6. Psicologia comportamental 7. Saúde mental I. Título

25-278360 CDD–158.24

Índices para catálogo sistemático:

1. Mães e filhas: Relações familiares: Psicologia aplicada 158.24

Aline Graziele Benitez – Bibliotecária – CRB-1/3129

1ª Edição, 2025
Esta obra contempla o Acordo Ortográfico da Língua Portuguesa.
Impresso no Brasil – *Printed in Brazil*
nVersos Editora
Rua Cabo Eduardo Alegre, 36 – CEP 01257-060 – São Paulo – SP
Tel.: 11 3995-5617
www.nversos.com.br
nversos@nversos.com.br

SUMÁRIO

PREFÁCIO

Minha mãe faleceu quando eu tinha 18 anos, enquanto eu era caloura em uma pequena faculdade de artes liberais em Vermont. Dez anos depois, escrevi uma carta a ela, como fazia todos os anos, no aniversário de sua morte. "Querida mãe", escrevi. "Faz dez anos que você partiu." Eu já estou chorando, lágrimas escorrendo pelas minhas bochechas, quentes e límpidas.

"Essa carta vai ser diferente das outras", escrevi. "As coisas já não são mais as mesmas. Levei esses 10 anos para começar a me importar comigo mesma. Eu nunca tinha percebido o quanto eu me odiava. O quanto eu tinha medo de mim mesma. Este último ano foi terrivelmente difícil e maravilhosamente curador. Agora eu estou sozinha. Completamente sozinha. Sem álcool, sem garotos, sem autodestruição, sem me esconder de toda a dor. Só eu, viva e sozinha. E eu ainda sinto tanto a sua falta. Dez anos parecem uma vida inteira. Já não sou a garota que fui um dia... a garota que tinha uma mãe."

"Mas não quero mais fazer isso. Alimentar essa obsessão pela sua morte. Não quero que minha vida toda seja sobre você. Eu sou imensamente grata por quem me tornei por causa dessa perda, mas não quero mais que minha vida gire em torno disso."

"E não quero mais ser cruel comigo mesma, não quero me esconder. Não quero mais me sentir desesperada, solitária ou cheia de ódio. Quero seguir em frente. Quero me livrar do grande peso de toda essa perda. Quero jogá-la fora, como um casaco usado em um dia de verão. Estou cansada de tudo isso. Só quero ser eu mesma. E, para fazer isso, preciso te deixar ir."

"E acho que talvez, só talvez, ao te deixar ir, ao não tentar te segurar, eu possa encontrar a paz. Eu não encontrei a paz, mãe. Ao longo desses dez anos, convivi com essa dor... insuportável. Tem sido tão difícil. E eu não quero mais fazer isso. Mas mãe, eu preciso que você também me liberte."

"Com amor, de sua única filha, Claire."

É difícil reler essa carta agora, quase 25 anos depois da morte dela. Meu coração se parte pela versão mais jovem de mim que escreveu essa carta. E meu coração se parte pela minha mãe, que jamais gostaria que eu sentisse tanta dor.

Três anos depois de ter escrito aquela carta, eu dei à luz pela primeira vez, uma menina. E naquelas primeiras semanas e meses após o nascimento dela, eu sentava no quarto da minha filha, segurando-a nos braços, e chorava. Minha sogra estava preocupada que eu tivesse depressão pós-parto. Ela comentou que não se lembrava de ter chorado tanto quando seus filhos nasceram.

Mas não era depressão. Era a percepção de que eu não tinha deixado minha mãe ir, de que eu nunca conseguiria. E que eu não precisava. Segurando minha filha nos braços, eu soube que a razão pela qual sentia tanto a falta da minha mãe era por causa da mesma coisa que estava vivenciando ali no quarto com minha bebê: aquela relação primitiva de mãe e filha. Percebi que esse é um amor e um vínculo tão profundos que nenhuma mulher poderia negar sua presença, ou a falta dela.

Há mais de uma década, sou terapeuta especializada em luto. Já me sentei com centenas, talvez milhares, de mulheres enquanto elas estavam processando a perda da própria mãe. A profundidade da emoção que vem com a ausência de uma mãe nunca deixa de me impressionar. Seja uma mulher perdendo sua mãe para a morte, como eu, ou para o abandono em suas diversas formas, a experiência será algo com o qual ela lidará por toda a sua vida.

Quando Kelly McDaniel me contou o título de seu livro *Fome de Mãe*, eu soube instantaneamente que seria um livro que mudaria a vida de todos que o lessem. Embora muitos livros sobre a perda já tenham sido escritos, e alguns especificamente sobre a perda materna, nenhum abordou de forma tão sucinta a experiência do que significa ansiar por uma mãe.

Como terapeuta, eu vejo muitas versões de perda materna. Vejo mulheres que perderam a mãe recentemente e outras que a perderam há décadas. Vejo mulheres que perderam a mãe para o câncer, suicídio, assassinato, acidentes e doenças. E vejo mulheres que ainda têm a mãe, mas a perdeu por abandono, vícios, problemas de memória, doenças mentais e mais. Algumas dessas perdas são mais traumatizantes do que outras, mas a experiência de saudade que vem com essa perda é a mesma. A Fome de Mãe que essas mulheres carregam molda cada uma delas de forma única e duradoura — tudo o que Kelly aborda neste livro profundamente corajoso.

No entanto, aos meus olhos, o que Kelly faz de mais importante em *Fome de Mãe* é validar a experiência da perda materna. A frase que mais ouço de minhas clientes é: "*Não acredito que ainda estou lidando com isso.*" Mas, como Kelly ilustra, a experiência de sentir falta da mãe afeta as mulheres em níveis tão profundos, que muitas vezes é carregada não apenas ao longo da vida de uma mulher, mas também transmitida por gerações. O fato de a *Fome de Mãe* não apenas validar esse impacto, mas também fornecer soluções e caminhos para nos curarmos, terá efeitos duradouros por muitos anos.

Demorei muito tempo para me perdoar por ser tão afetada pela morte da minha mãe, mas, para muitas mulheres, escapar da dor da perda materna é algo difícil e conquistado com esforço. O livro de Kelly mudará isso para sempre. Saber que *Fome de Mãe* agora está no mundo, esperando para ser encontrado pelas mulheres que mais precisam dele, acalma meu coração e me dá esperança de que a cura é possível.

Se eu escrevesse outra carta para minha mãe hoje em dia, diria que não a esqueci depois de todos esses anos e que nunca vou deixar de amá-la — e que, ainda assim, encontrei maneiras de cultivar a paz em minha vida. Espero que o mesmo se torne verdade para todas que lerem este livro.

Claire Bidwell Smith,
autora de *Ansiedade: a fase ausente do luto.*

INTRODUÇÃO

Em seu belo e tocante livro de memórias, *Our Lady of Perpetual Hunger*, Lisa Donovan escreve:

> Entre as mulheres da minha família, carregamos profundamente a dor uma das outras. É como se tivéssemos um órgão extra — uma câmara quebrada em nossos corações, que nenhuma de nós sabe como fazer funcionar. Ela nos impede de sentir e viver como o coração das outras pessoas parece conseguir.[1]

Donovan captura a dor profunda causada por essa "câmara quebrada" que algumas filhas herdam da mãe. Enquanto eu estava escrevendo o livro que você agora tem em mãos, as palavras de Donovan eram remédio para minha alma, um reconhecimento do legado de uma profunda dor ancestral. É um tema difícil de abordar — difícil de falar, de escrever ou até de mesmo compreender.

Ao longo de dois anos, quase parei de escrever esse manuscrito — em parte porque sou frequentemente lembrada de como a maioria das pessoas não quer saber disso, mas, principalmente, porque é simplesmente difícil. Quase todo dia, eu me perguntava: "Por que seguir em frente?"

Eu continuei por uma razão: este é o livro que eu gostaria de ter encontrado na minha juventude.

Nascida em uma linhagem de mulheres fortes que criaram seus filhos da melhor maneira possível, eu venho de um passado doloroso, assim como muitas de vocês. Embora eu me beneficie por ser branca, com boa educação e outras vantagens, mesmo uma vida de privilégios não pode proteger alguém da Fome de Mãe.

Minha bisavó materna abandonou minha avó quando ela era criança. Ela levou a outra filha e se mudou da cidade com outro homem, um dos cinco com os quais ela se casaria e se divorciaria. A garotinha que ela deixou para trás cresceu e se tornou minha avó.

Eu amava minha avó perdidamente. Nós a visitávamos apenas uma vez ao ano, mas aqueles momentos juntas eram mágicos para mim, mas minha mãe não gostava muito da minha avó. Sem dúvida, o legado do abandono deixou minha avó faminta por algo que minha mãe não tinha a responsabilidade de fornecer. Deve ter sido um fardo ser sua filha. Eu não sei muito a respeito, porque minha mãe não tem muitas memórias de sua infância e não fala muito disso.

Eu não compreendia completamente o conceito de Fome de Mãe até começar minha própria jornada na maternidade e na vida profissional. Mas mesmo muito nova, eu sabia que havia algo errado em minha família. Olhando para trás e através de uma perspectiva clínica, eu não acho que mais informações teriam me ajudado enquanto estava sob os cuidados da minha mãe; eu estava ocupada demais tentando ser uma boa filha. Eu estava ocupada sobrevivendo. Felizmente, no início dos meus 20 anos, me deparei com os cursos de estudos feministas, onde encontrei orientações reveladoras que me deram as ferramentas para nomear a Fome de Mãe. Vinte anos depois, cheguei à publicação do meu primeiro livro, *Ready to Heal*, onde nomeei pela primeira vez a Fome de Mãe como a raiz do amor dependente. Desde então, eu tenho ajudado mulheres a entenderem e se curarem da dor emocional que surge de um vínculo inicial deficiente. *Fome de Mãe: como as filhas adultas podem se curar da falta de cuidado, proteção e orientação materna* é uma coleção de sabedoria adquirida ao longo de três décadas de pesquisa, prática e aprendizado. É uma carta minha para você — de uma filha para outra — sobre o legado de viver com uma dor profunda que é parte biológica, parte psicológica, parte cultural e parte espiritual.

Apesar de várias histórias, o que eu descobri é que cada mulher com Fome de Mãe anseia pela mesma coisa: uma qualidade de amor específica — um amor cuidadoso, seguro e inspirador — o tipo de amor que pensamos ser o amor materno. É o amor que precisamos para um começo sólido na vida. É um amor *incondicional* que nenhum relacionamento amoroso, amizades ou bolos de aniversário podem substituir.

Muitos sentem que esse amor também pode ser oferecido pelos pais. Embora seja nítido que filhas criadas por pais atentos e cuidadosos têm muitas vantagens, pais não podem substituir mães. Nomear a Fome de Mãe não é sobre desconsiderar a importância dos pais ou outros cuidadores primários, nem sobre culpar as mães pelo que não puderam prover. Fome de Mãe é um conceito que te ajuda a identificar quais são os elementos essenciais do cuidado materno, para você poder reconhecer o que perdeu e recuperar o que precisa.

Neste livro, exploraremos o que causa a Fome de Mãe e o que fazer sobre isso. À medida que você percorrer estas páginas e fizer descobertas, o poder curativo do reconhecimento nem sempre será confortável, mas trará uma nova esperança. Saiba que é possível curar a Fome de Mãe, mesmo que sua mãe não esteja presente ou nunca tenha reconhecido a sua dor. Ter Fome de Mãe não significa que você queira ser mãe ou que precise se aproximar de sua mãe. A Fome de Mãe pode acontecer independente de você ter sido criada pela sua mãe biológica, adotiva, mãe de criação, um pai, duas mães, dois pais, mãe solo ou cuidadores diversos. A Fome de mãe está menos relacionada à pessoa que de fato te criou e mais ligada às necessidades de desenvolvimento que foram omitidas durante seus anos formativos. Fome de Mãe dá nome à carência com a qual você convive; o anseio por um certo tipo de amor.

Os capítulos a seguir foram organizados para oferecer um suporte cuidadoso a você. No primeiro capítulo, definiremos o que é a Fome de Mãe para que você encontre alívio imediato. O restante do livro detalhará os três elementos essenciais do amor materno. Começando pelo elemento materno do cuidado, aprenderemos com os animais, falaremos sobre apego e examinaremos mais de perto a complexa relação com a comida e o sexo que faz parte da Fome de Mãe.

A partir daí, passaremos ao segundo elemento essencial do amor materno: a proteção. Uma análise das turbulentas forças culturais que prejudicam as mulheres ajudará a desenvolver compaixão e compreensão sobre por que tantas de nós apresentam sintomas de Fome de Mãe. O caso real de *Dirty John* ilustra a tragédia que ocorre quando uma mãe não consegue proteger sua filha e revela como o medo está entrelaçado à experiência de ser mulher.

Em seguida, exploraremos o terceiro elemento essencial do amor materno: a orientação — como uma mãe inspira sua filha. Depois, ao nos aproximarmos do fim do livro, analisaremos a Fome de Mãe de Terceiro Grau, uma queimadura emocional que pode devastar a vida de uma mulher, como aconteceu com Judy Garland e Édith Piaf. Por fim, examinaremos o luto profundamente enraizado na Fome de Mãe.

A Fome de Mãe se manifesta em diferentes formas, algumas mais intensas do que outras, e, por isso, o processo de cura varia para cada uma. Algumas de vocês já não têm mais a mãe viva, então seu caminho será diferente daquele de quem ainda a tem. No entanto, independentemente de sua mãe estar viva ou não, a cura envolve substituir aquilo que foi perdido durante seus anos de formação. Nem todas as ideias deste livro vão se encaixar em sua experiência como filha, mas, em alguns momentos destes capítulos, você pode encontrar as palavras certas para a dor que assombra você. Quando isso acontecer, uma nova clareza guiará seu processo natural de cura.

Embora seu caminho de recuperação seja único, há alguns sinais comuns de cura aos quais você pode se atentar: maior segurança emocional, mais facilidade para tomar decisões, redução da ansiedade e uma compreensão mais profunda do seu estilo de apego. Você desenvolverá compaixão pelas escolhas que fez, até mesmo aquelas das quais mais se arrepende, e será mais fácil escolher amigos e parceiros que sejam gentis e respeitosos. Se você tem filhos, amá-los também se tornará mais fácil.

A Fome de Mãe não é incomum. No entanto, quando não designada, ela se esconde sob um véu de segredo e vergonha. Permitir-se aprender e falar sobre essa ferida relacional é um ato radical. É um passo corajoso rumo à reconquista do amor de que você precisa.

Se você é mãe, pode ser tentador ler essas páginas como um guia de maternidade ou para rever decisões das quais se arrepende. Tente não fazer isso. *Por favor, leia este livro como filha.* Essa obra trata de compreender o que faltou em seu desenvolvimento para que você possa recuperar as partes mais sensíveis de si mesma — aquelas que foram sacrificadas para conquistar o amor de sua mãe ou para sobreviver à sua ausência. À medida que você reconstrói sua história como filha de sua mãe, encontrará novos recursos para suprir a carência de cuidado, proteção e orientação. Encarar a dor profunda que tem moldado sua vida abrirá espaço para alegria e conexão.

Nas próximas páginas, enquanto você adquire uma nova consciência, conte com todo o meu apoio.

1: NOMEANDO A FOME DE MÃE

Se houvesse uma descrição de trabalho para a maternidade, seria mais ou menos assim:

> Candidata ideal deve ser proativa, capaz de confortar e estabelecer vínculo com um ser humano novo e vulnerável através de toque, alimentação e resposta aos sinais não verbais. As responsabilidades incluem proteger este ser humano de ameaças externas e engajar-se ativamente em seu desenvolvimento acadêmico, espiritual e social. A candidata precisa de uma combinação equilibrada de ternura e força, trabalhar sob pressão e ter limites saudáveis. Este trabalho não é remunerado.

Por que alguém se candidataria? É uma atividade exigente, muitas vezes ingrata, e a remuneração é péssima. O trabalho de uma mãe é impressionante. O isolamento, o estresse financeiro e a discriminação de gênero compõem as responsabilidades avassaladoras que vêm com o cuidado e proteção de um recém-nascido e a orientação de uma criança pelos complexos estágios do desenvolvimento humano. Além disso, a maternidade e o papel de mãe são excessivamente romantizados ou dramatizados, tornando tabu descrever a realidade como algo que não seja uma experiência divina ou um fardo horrível; ambos os extremos apagam a complexidade da maternidade. Quando uma mulher se sente "inferior" por escolher a maternidade em vez de outros tipos de trabalho ou é julgada por colocar suas aspirações profissionais em pausa, algo está muito errado com o nosso pensamento coletivo.

O amor materno é nossa primeira experiência real com esse sentimento, e o cuidado materno que recebemos molda a forma como nos sentimos a respeito de nós mesmos ao longo da vida. A maternidade é a mais importante das experiências humanas. E, ainda assim, quando tentamos definir o que faz uma boa mãe, é difícil encontrar as palavras certas. Não temos uma definição precisa e universal para *mãe* ou *maternidade*.

Quando procuro o termo *maternidade*, o Dicionário de Cambridge a define como "o processo de cuidar de crianças como sua mãe ou de cuidar de pessoas da maneira como uma mãe faz." Merriam-Webster define *maternidade* como "dar à luz, gerar do útero". Essas definições não nos oferecem nada concreto; simplesmente mostram que maternidade é simples e inata às mulheres.

Para ajudar as mulheres a curar a Fome de Mãe, eu precisava de uma definição funcional de maternidade. Levei anos ouvindo mulheres adultas de coração partido e realizando uma exploração profunda da teoria do apego para criar um conceito que possa guiar o processo de tratamento. O que descobri é que a maternidade requer três elementos essenciais: cuidado, proteção e orientação. Os dois primeiros — cuidado e proteção — são as necessidades mais primitivas que os pequenos têm das mães. A orientação, o terceiro elemento, vem depois. Se somos privadas de uma ou mais dessas necessidades de desenvolvimento, enfrentamos sintomas de apego inseguro à medida que amadurecemos. Por exemplo, sem cuidado materno precoce, crescemos famintas por toque e pertencimento. Sem proteção materna precoce, ficamos constantemente ansiosas e com medo. Sem orientação materna, não temos uma bússola interna para direcionar nossas escolhas. Esses são os sintomas da Fome de Mãe.

A Fome de Mãe pode parecer uma desculpa para culparmos nossa mãe pelos nossos problemas, mas não é. Na verdade, é realmente o oposto. Quando entendemos que as mães nos amam da melhor maneira que podem e da única forma que sabem, a culpa não tem lugar. Uma mãe só pode dar ao seu filho o que ela tem.

A Fome de Mãe surge da herança intergeracional de crescer em uma cultura que prefere os homens, os traços masculinos e a independência, enquanto desvaloriza as mulheres, os traços femininos e a interdependência. Se conseguirmos deixar de lado a culpa materna, ou a tendência de fazer generalizações amplas sobre mulheres que conciliam carreiras e, assim, lutam para estarem presentes para suas famílias, nossa compreensão coletiva da Fome de Mãe poderia guiar um esforço inspirado para apoiar as mulheres na preparação para a maternidade. Afinal, a longo prazo, todos se beneficiam do cuidado e orientação maternos, acolhedores e protetores.

Nós precisamos da nossa mãe

Se você já se sentiu carente ou dependente demais, esta seção pode ajudá-la a entender o porquê. Precisamos da nossa mãe. Essa necessidade está biologicamente programada no nosso corpo e cérebro. Se não tivemos o cuidado materno suficiente, o desejo de amor permanece conosco. Por *mãe*, me refiro principalmente à mãe biológica — mas o *maternar* também pode ser realizado por um adulto com o desejo, a habilidade e a disposição para acolher, proteger e orientar uma criança. No entanto, aprecio e concordo com a observação de Erica Komisar em *Being There*, "Nossa negação do papel físico e emocional muito específico e especial de uma mãe para seu filho, particularmente em nossas tentativas de ser modernos, não está no melhor interesse das crianças e suas necessidades."[1] Assim como Komisar, em minha prática, eu tenho uma visão privilegiada do que acontece quando esse relacionamento importante é comprometido.

A maternidade é uma ocupação que consome porque os pequenos vêm com instintos poderosos de sobrevivência. Desde o início da vida, os instintos fazem com que os recém-nascidos permaneçam perto de sua mãe biológica, pois sua voz, cheiro e corpo já são familiares. Ela é o *lar*. Assim como os adultos que desejam um único parceiro ou um melhor amigo, os bebês prosperam em um relacionamento familiar e reconfortante durante os primeiros meses. Isso é biologia.

Quando a mãe biológica não pode estar presente, outra pessoa pode assumir o papel de cuidador principal. No entanto, às vezes, como no caso de uma emergência médica, morte materna ou adoção, uma separação inicial do corpo da mãe biológica pode adicionar complicações para o vínculo com um cuidador alternativo. Segundo a especialista em adoção, dra. Marcy Axness, "A natureza é uma chefe rigorosa: nem as melhores intenções nem as justificativas mais nobres podem reescrever suas leis da neurofisiologia."[2] Axness pesquisa e escreve principalmente sobre adoção e adotados, trabalhando para resolver o "enigma das ciências sociais" que explica por que os adotados têm mais problemas de saúde mental do que os não adotados. Ela cita o dr. Gabor Maté, que afirma que os adultos que foram adotados ainda bebês "carregam um poderoso e duradouro sentimento de rejeição".[3] O trabalho de Maté e Axness nos ensina muito sobre os primeiros processos da nossa vida e como a separação da nossa mãe pode ser arriscada. Adoro as percepções de Axness aqui:

> Bênçãos tremendas podem ser experimentadas por todos os participantes da adoção, mas nunca devemos esquecer que, na maioria das vezes, essas bênçãos nascem da perda — a perda para os pais biológicos de um filho que não criarão; a perda do sonhado filho biológico dos pais adotivos que não terão; e a perda para a criança adotada de suas conexões biológicas, genealógicas e, possivelmente, culturais... O cuidado compassivo para o trauma de separação, a perda e o luto sofridos por um recém-nascido em qualquer circunstância — adoção, barriga de aluguel, cuidados na UTI neonatal — não precisa esperar um momento específico; ele pode e deve começar imediatamente.[4]

Um bebê que passou pela perda abrupta de sua mãe biológica requer cuidados adicionais e reconhecimento do sofrimento causado pela separação. Quando isso não acontece, a ruptura inicial pode causar uma dor emocional persistente ao longo da vida. Se isso faz parte da sua história, espero que seja válido saber que a separação materna precoce é uma dificuldade.

A falta de cuidado materno

Fome de Mãe é um termo que criei para descrever como é crescer sem o tipo de cuidado materno que imprime valor emocional e segurança relacional. Fome de Mãe é como um vazio na alma que é difícil de descrever, pois pode se instalar ainda na infância ou antes da formação da linguagem, tornando-se parte do que sentimos constantemente. O termo *Fome de Mãe* captura um anseio irresistível e insaciável por amor — o tipo de amor com o qual sonhamos, mas que não conseguimos encontrar. Muitos de nós confundimos Fome de Mãe com um desejo de amor romântico. Mas, na verdade, estamos ansiando pelo amor que não recebemos durante nossos momentos de formação.

Os elementos essenciais do cuidado materno fornecem o ambiente para um cérebro saudável e robusto, pronto para o vínculo e o aprendizado. Os bebês precisam de proximidade humana confiável e sensível para que o cérebro desenvolva as áreas sociais necessárias para a conexão humana. Nosso primeiro amor, o amor da mãe, nos fornece uma amostra desse sentimento que nos prepara para experiêncoas futuras. "Hoje, quando os pais estão mais envolvidos na criação dos filhos do que nunca, a ideia do papel único e insubstituível da mãe pode parecer antiquada. E, no entanto, há evidências significativas de que a biologia impacta as diferentes maneiras como homens e mulheres cuidam, e as pesquisas mais recentes mostraram que a presença da mãe é crucial para o desenvolvimento emocional e a saúde mental dos filhos nos primeiros anos de vida."[5]

Fome de apego

Se você está lendo este livro, é provável que, às vezes, se sinta louca, envergonhada ou quebrada — mas você não está. A Fome de Mãe é profundamente incompreendida, e as pessoas que não a experimentam simplesmente não conseguem entender como é. Isso, é claro, nos faz sentir sozinhas com todas as emoções e comportamentos que não conseguimos entender.

Em 2008, usei a linguagem clínica predominante para descrever a Fome de Mãe como um *transtorno de apego*. Lamento essa terminologia, porque a Fome de Mãe não é um transtorno, é uma *lesão* — uma dor profunda no coração que se forma pela falta de cuidado materno adequado e de proteção ou orientação no desenvolvimento inicial. O termo *lesão* descreve bem a Fome de Mãe, porque viver com ela dói o tempo todo. É como o luto — um luto complicado que vem de carregar um fardo invisível e não reconhecido sozinho.

Quando criança, se os elementos essenciais de cuidado e proteção maternos estavam ausentes, você não deixou de amar sua mãe — simplesmente não aprendeu a se amar. Essa é a essência da Fome de Mãe. A Fome de Mãe é uma dor profunda que influencia tudo ao seu redor, especialmente seus relacionamentos com os outros e sua própria sensação de valor. Neste livro, explicarei esse conceito de várias perspectivas — biológica, emocional e psicológica — para que você não se sinta mais confusa, perdida ou sozinha.

Na linguagem da teoria do apego, a Fome de Mãe é uma forma de renomear o *apego inseguro*. O apego inseguro é um rótulo incômodo, porque ele mostra que algo está errado com você e com a forma como você se relaciona com os outros. Ninguém quer ser chamado de inseguro. Mas o apego inseguro não é uma fraqueza de caráter. É um termo, criado para fins de pesquisa, que categoriza como você se apega aos outros, o que é um resultado direto de como você foi cuidado e protegido quando criança. Pelo menos 50% da população tem um estilo de apego inseguro (veremos isso com mais detalhes no próximo capítulo), então, se seus primeiros anos deixaram você com uma experiência indesejável ou desconfiada de relacionamentos, você está em boa companhia.[6]

Quando as necessidades iniciais de cuidado e proteção não são atendidas, é uma preparação para que a Fome de Mãe cresça. Embora muitos adultos tenham

Fome de Mãe, ela se manifesta de maneiras diferentes para cada um de nós. Dependendo de qual elemento materno estava ausente, por quanto tempo e em que grau, sua fome pode ser leve ou intensa.

A Fome de Mãe surge de eventos que podem acontecer antes da formação da linguagem, quando o cuidado de uma mãe é o seu mundo inteiro. Para entender isso, pense em sua mãe biológica como sua primeira casa. O corpo, os cuidados e as emoções dela eram o seu primeiro ambiente, inseparáveis do seu corpo e das suas emoções de recém-nascido. Para um bebê, o corpo da mãe é o habitat natural que regula a respiração, a temperatura corporal, os ritmos do sono e a frequência cardíaca. O design da natureza é para ela ficar próxima, de modo que o seu desenvolvimento aconteça de forma tranquila.

Quando um bebê é alertado por fome, dor ou separação, o design da natureza é que o toque e os sons calmantes de sua mãe atendam a essas necessidades. Com o tempo, com a responsividade materna, as interações positivas fortalecem os sistemas de recompensa do desenvolvimento que nos ajudam a confiar nos outros e a lidar com o estresse. Dessa forma, as interações diárias e o conforto durante a noite entre mãe e filho "são a cola neurobiológica para todos os relacionamentos saudáveis futuros."[7]

Se, por qualquer motivo, sua mãe não estava pronta para ser mãe, ou se, como muitas, ela desconhecia os conceitos que abordaremos aqui, a ciência sugere que você pode carregar a ambivalência, o medo ou a raiva que ela sentia. As respostas dela às suas necessidades e sua presença física podem ter sido inadequadas. Embora você não se recorde conscientemente dos cuidados iniciais, seu corpo carrega essa memória. Quando os elementos essenciais do cuidado materno estavam ausentes, o resultado é uma lesão no vínculo, que se torna a base do seu pensamento e sentimento futuros.

Memória implícita

Seu corpo carrega a memória de como recebeu amor nos primeiros dias de vida. Por essa razão, grande parte do foco deste livro estará nos primeiros dois anos, antes que a memória se torne explícita e a cognição esteja disponível, quando "pensar" não é pensar de fato — é sentir. O "pensamento" de bebês e crianças pequenas é uma experiência emocional baseada no corpo, influenciada pelo ambiente inicial.[8]

Como o cérebro pensante, ou neocórtex, se desenvolve após os três anos de idade (quando as crianças começam a fazer muitas perguntas do tipo "Por quê?"), a lógica não está disponível antes dessa fase.[9] Podemos pensar da seguinte forma: para um bebê, sentimentos são fatos. Se o bebê está com medo ou com fome e um adulto sensível responde aos seus sinais, tudo está bem. Se ninguém está presente, nada está bem. A separação de um cuidador familiar significa perigo.

As emoções são armazenadas no corpo e criam uma certa realidade ou sistema de crenças: *O mundo está seguro e eu também* ou *O mundo é assustador e estou sozinho.* Sensações armazenadas como essas se tornam memórias implícitas. Diferentemente da memória explícita, que é consciente e tem linguagem, a memória implícita é inconsciente e não possui linguagem. As memórias implícitas residem profundamente nas estruturas límbicas do cérebro, sussurrando silenciosamente mensagens de segurança ou perigo para o restante do corpo. As experiências iniciais impactam o desenvolvimento do sistema nervoso central por meio de sentimentos e sensações corporais. Dessa forma, "lembrar-se" de coisas dos seus primeiros anos é mais uma sensação do que uma memória consciente.

As emoções criam memória implícita a partir de momentos pré-verbais e pré-cognitivos, com e sem a mãe. As primeiras experiências emocionais literalmente se incorporam à estrutura do nosso cérebro.[10] Quando o sistema nervoso vulnerável de um bebê percebe que não está seguro, como em separações maternas precoces ou cuidados insensíveis, a natureza ativa uma resposta de medo. O medo libera cortisol e adrenalina, que podem ser tóxicos para as regiões cerebrais em desenvolvimento. Quando o medo não é acalmado e ocorre com frequência, o bebê armazena as sensações de medo em suas células, formando um corpo e um cérebro preparados para o perigo — famintos por amor, mas desconfiados da conexão humana.

Compreender a memória implícita explica por que, às vezes, não sabemos o motivo de agir da maneira que agimos. Não conseguimos ver a angústia que habita o nosso corpo. As primeiras memórias estão dissociadas da consciência, mas elas direcionam nosso humor e nossa saúde ao longo da vida.[11] O dr. Daniel J. Siegel fala sobre a importância de integrar a memória implícita e explícita para que você ganhe uma visão sobre como o seu passado impacta a sua vida. Você está fazendo isso agora ao reconhecer a Fome de Mãe e aprender a curá-la.

Conexão humana

O primeiro ambiente que todos experimentamos é o da nossa mãe biológica. No útero, suas emoções e nutrição nos informam sobre o mundo em que estamos prestes a entrar e como viver nele. Nosso senso de pertencimento começa aqui. A conexão humana — nossa habilidade de nos vincular e confiar nos outros — é desenvolvida primeiro no útero e continua a crescer dentro de uma relação primária adequada, para que estejamos prontos para formar laços sociais uns com os outros.

Sabemos que o maior indicativo de saúde e felicidade humana não é a riqueza ou o status; é o número de relacionamentos amorosos que temos. A base do bem-estar psico-biológico ao longo da vida é estabelecida durante os primeiros mil dias da nossa existência. O dr. Allan Schore, líder mundial na teoria do apego, enfatiza a importância dos primeiros mil dias, que abrangem desde a concepção até os dois anos de idade. Ele chama esses primeiros dias de "a origem do *eu* implícito subjetivo que se forma precocemente".[12]

A neurociência nos informa que o cérebro não diferencia a dor emocional da dor física. O corpo não consegue distinguir entre um osso quebrado e um coração partido. Um bebê que está com fome ou sozinho sente dor. Quando não há um cuidador próximo para aliviar essa dor, ela se intensifica, e o cérebro dele não consegue informar ao corpo o *motivo* da dor. Se o cuidado materno for comprometido durante os primeiros três anos, essa falta de cuidado é devastadora para o bebê.

A ciência é irrefutável: crianças precisam de cuidado, proteção e orientação de seus cuidadores iniciais para desenvolver os processos cerebrais necessários para uma vida ideal. Os Centros de Controle e Prevenção de Doenças (CDC) identificam "relações seguras, estáveis e nutritivas" (SSNRs) como fundamentais para promover o desenvolvimento social e emocional saudável das crianças. Dentro do contexto das SSNRs, os adultos podem amortecer as respostas de luta ou fuga das crianças diante de fatores estressantes. Essas relações permitem ainda que as crianças otimizem o desenvolvimento pessoal positivo e promovam suas habilidades sociais. O CDC define *segurança*, *estabilidade* e *cuidado* da seguinte forma:

- **Segurança**: A extensão em que uma criança está livre de medo e segura de danos físicos ou psicológicos dentro de seus ambientes sociais e físicos.
- **Estabilidade**: O grau de previsibilidade e consistência no ambiente social, emocional e físico de uma criança.
- **Cuidado**: A extensão em que as necessidades físicas, emocionais e de desenvolvimento das crianças são atendidas de forma sensível e consistente.[13]

Nota: Ao defender as crianças, o CDC também enfatiza que os adultos precisam de SSNRs com outros adultos, muitas vezes chamados de *apoio social* ou *capital* *social*, para manter relações de cuidado com seus filhos. O Center for Health Care Strategies explica como "um resultado crítico das SSNRs é o apego seguro."[14]

Não podemos esperar que bebês e crianças deixem de ter essas necessidades só porque atendê-las é inconveniente para nós. O custo de ignorá-las é grande demais. Como Erica Komisar aponta, "queremos erradicar problemas de saúde mental como depressão, ansiedade e violência em crianças e jovens adultos, mas não queremos olhar profundamente para a raiz do problema."[15] Se olharmos de perto, seriam necessárias mudanças significativas de nossa parte para remediar questões sistêmicas, como a licença parental e as forças misóginas da vida, que objetificam e desempoderam as mulheres. Faremos uma análise mais aprofundada do patriarcado no capítulo 6.

Pertencer é sobreviver

O nascimento não deveria ser uma despedida do lar. Os bebês são projetados para permanecer fisicamente próximos de suas mães biológicas, seu ambiente mais familiar. As mães são abrigo e nutrição. Nos primeiros seis a nove meses de vida, os bebês ainda não são capazes de se separar da mãe em termos de percepção de identidade.[16] Isso faz parte do plano da natureza para garantir a sobrevivência da criança. O cérebro e o corpo dos bebês são feitos para receber cuidados próximos da mãe, o que significa ser carregado, segurado e amamentado. Bebês simplesmente não foram feitos para passar longas horas longe de seu cuidador principal; sistemas em desenvolvimento imaturo, como respiração, frequência cardíaca, temperatura e segurança emocional, dependem do toque humano e da proximidade.

O pedido universal de uma criança aflita é *Eu quero a mamãe*. Todos nós já ouvimos esse clamor. Talvez já o tenhamos sentido — um apelo que ressoa profundamente em nossos corações. O que acontece quando esses chamados não são atendidos? Ou são recebidos com irritação e impaciência? Deixamos de precisar da nossa mãe? De jeito nenhum! Com o tempo, sem o conforto materno, aprendemos a enterrar essa necessidade, mas ela não desaparece. As necessidades não atendidas de cuidado e proteção materna inflamam como uma infecção irritada. O corpo guarda a memória da dor emocional e, com o tempo, pode gerar angústia crônica e insegurança. Quando o sofrimento é constante, ele se torna tóxico. O estresse tóxico causa inflamação fisiológica e enfraquece o sistema imunológico. Dessa forma, a falta de cuidado ou proteção nos primeiros anos de vida é uma forma de adversidade e gera uma lesão no apego. A criança assustada ou solitária dentro de nós nos acompanha até a vida adulta, causando estragos em nosso corpo, relacionamento e carreira.[17] Esse coração partido na infância é a raiz da Fome de Mãe.

"Ninguém te ama como sua mãe"

A verdade é que nós nunca deixamos de precisar de nossa mãe para nos confortar, celebrar nossas conquistas ou fazer uma sopa. Como disse a autora Adrienne Rich: "Há, na maioria de nós, uma menina ainda ansiando pelo cuidado, ternura e aprovação de uma mulher".[18] Para as filhas, o amor materno saudável sempre traz conforto. Mães e filhas que mantêm uma conexão afetuosa ao longo da vida são mais saudáveis e felizes do que aquelas que se perdem uma da outra.

Mães que oferecem cuidado, proteção e orientação adequadas criam filhas com apego seguro, capazes de enfrentar os desafios da vida sem angústia desnecessária. Mas o mito de que todas as mães amam suas filhas apaga a verdade que muitas mulheres conhecem: o amor materno nem sempre é bom. A fantasia do amor materno pode não ser real. O mito gera confusão para muitas filhas que nunca conheceram esse tipo de ternura.

A Fome de Mãe — o desejo pelo amor materno — pode vir de mães bem-intencionadas que não puderam estar presentes ou de mães que *estavam* lá e *queriam* amar, mas não tinham a infraestrutura adequada para o apego programada em suas próprias psiques. A Fome de Mãe não faz distinção de raça ou classe, porque as necessidades infantis são universais. O tipo de cuidado que recebemos quando bebês e crianças pequenas nos ensina se somos dignos, amáveis e seguros. Na verdade, o que descobri é que ter uma mãe cruel ou negligente pode ser tão prejudicial quanto não ter mãe nenhuma.

Filhas de mães compromissadas se agarram à esperança — a esperança de que a mãe que têm se tornará a mãe de que *precisam*. A esperança duradoura cria uma fantasia patológica que mantém as mulheres presas em ciclos de decepção e luto. As escolhas parecem mais com compulsões. A tomada de decisões é baseada em pressões externas em vez de valores internos. Substitutos são necessários. Na infância, as mães ausentes podem ser substituídas por bolo, sorvete ou contos de fada. Mas, eventualmente, vodka, drogas ou relacionamentos rápidos e intensos ocupam seu lugar. Em todas as fases da vida, a Fome de Mãe não tratada anseia por uma solução rápida para o vazio que se esconde dentro.

Filhas "sem mãe"

Depois de publicar meu primeiro livro, *Ready to Heal*, mulheres que se identificaram com a Fome de Mãe me procuraram. Eu precisava de uma linguagem melhor para descrever o desespero sem palavras que acompanhava as filhas adultas nas salas de reunião, restaurantes, relacionamentos e na maternidade. O livro de Hope Edelman, *Motherless Daughters*, apareceu magicamente em meu caminho. Edelman, uma talentosa jornalista e escritora, perdeu a própria mãe prematuramente. Ela encontrou uma linguagem para o legado de ser uma filha sem mãe, descrevendo habilidosamente o desenvolvimento emocional, social e psicológico estagnado que ocorre na ausência do cuidado materno. O livro dela me fascinou porque suas descrições de filhas sem mãe soavam como as minhas clientes, embora a maioria delas ainda tivesse a mãe viva.

Para entender isso, encontrei um trabalho importante da dra. Pauline Boss sobre perda ambígua. *Perda ambígua* é um termo que ela criou para explicar o que acontece quando alguém que amamos muda, como no caso de demência, doença de Alzheimer ou lesão cerebral traumática. Ela ocorre quando a ausência psicológica coexiste com a presença física — ou seja, quando uma pessoa está fisicamente presente, mas ausente psicologicamente e emocionalmente. A descrição de Boss me ajudou a entender por que minhas clientes se pareciam com as filhas sem mãe de Edelman.

Uma filha pode crescer com sintomas de Fome de Mãe porque está faltando a atenção e sintonia emocional da mãe. Atenção é essencial para o cuidado e proteção. Para se sentirem amadas, crianças precisam da sintonia emocional da mãe, assim como de sua presença física. A ausência de disponibilidade emocional materna impacta diretamente a qualidade do cuidado. A falta de sintonia materna acontece por diversos motivos, como demandas de trabalho, *smartphones* e telas, vícios variados ou problemas de saúde. Os próprios mecanismos psicológicos não curados de enfrentamento de uma mãe podem prejudicar sua capacidade de atenção e sintonia, afastando-a do momento presente e de sua filha.

Uma mãe é primeiramente uma filha

Quando preciso de uma linguagem para a Fome de Mãe, Adrienne Rich sempre me inspira. Rich escreve:

> Muitas de nós fomos cuidadas de maneiras que ainda não conseguimos perceber; sabemos apenas que nossas mães, de alguma forma, estavam ao nosso lado. Mas, se uma mãe nos abandonou, seja morrendo, nos colocando para adoção, ou porque a vida a levou ao alcoolismo ou às drogas, depressão crônica ou loucura, se ela foi forçada a nos deixar com estranhos indiferentes e insensíveis para ganhar o dinheiro para nossa comida... se ela tentou ser uma "boa mãe" de acordo com as exigências da sociedade e acabou se tornando uma cuidadora ansiosa, preocupada e puritana da nossa virgindade; ou se ela simplesmente nos deixou porque precisava viver sem filhos... a criança dentro de nós, a pequena menina que cresceu em um mundo controlado por homens, ainda se sente, em certos momentos, profundamente desamparada de mãe.[19]

Muitas mães bem-intencionadas não forneceram cuidado, proteção ou orientação adequada para suas filhas porque simplesmente não podiam compartilhar o que não tinham. Mães são, antes de tudo, filhas, e podem estar vivendo com a sua própria Fome de Mãe não identificada e não tratada. Cada mãe carrega os recursos, crenças e traumas de suas ancestrais maternas. E para cada mulher, "a perda da filha para a mãe, da mãe para a filha, é a tragédia essencial feminina."[20]

Por várias razões, ler este livro pode desencadear gatilhos. Identificar a Fome de Mãe é sobre curar necessidades essenciais não atendidas agora que você é adulta. Ao passar pelos conceitos deste livro, você pode oscilar entre o sentimento de raiva pela sua mãe e o de traição, como se não estivesse sendo leal com ela ao ler isso. A maioria de nós foi treinada para ser boa filha e para minimizar os comportamentos das nossas mães, não importa o quanto nos doa. Por outro lado, você pode querer culpar sua mãe. A culpa é uma fase natural do luto e uma parte muito normal da Fome de Mãe, mas é um lugar terrível para se ficar presa. Se você se encontrar incapaz de superar a culpa, isso pode ser um sinal de que precisa de mais apoio para curar essa ferida.

Se você tem filhos, ler esse livro pode ser ainda mais desafiador. A maternidade não é para os fracos de coração. Embora sejamos biologicamente programadas para acolher e proteger as crianças, as mães recebem conselhos conflitantes e contraditórios que tornam o trabalho muito mais difícil. Você já sabe como é lutar com a culpa por não se enquadrar em um padrão de maternidade fabricado. Já teve aqueles dias em que perdeu a paciência. E a calma. E a cabeça. Você pode até questionar por que resolveu teve filhos. Todos esses são sentimentos normais que vêm com as incríveis pressões de ser mãe em um cenário cultural que não te apoia adequadamente.

Se seus filhos são mais velhos, estão afastados de você ou enfrentando dificuldades na vida, você pode sentir desespero pela perda de proximidade com eles. Mas, à medida que ganha novos *insights*, lembre-se de se concentrar na sua experiência como *filha*. Embora eu aborde princípios da maternidade, este não é um manual de criação de filhos; incluí essas informações apenas para ajudá-la a identificar o que você perdeu enquanto crescia e se tornava a pessoa que é hoje. Curar a sua Fome de Mãe é o objetivo aqui, não fazer uma análise sobre a sua maternidade.

Novamente, o relacionamento com *sua mãe* é o motivo de você estar aqui comigo. Enquanto você recupera partes perdidas de si mesma, por favor, não vá até seus filhos, independentemente da idade deles, para processar os sentimentos crus sobre este material. À medida que seu coração se cura, seus filhos herdarão os frutos do seu trabalho sem explicação. Nas bem escolhidas palavras de *My Grandmother's Hands*, Resmaa Menakem diz: "Uma das melhores coisas que cada um de nós pode fazer — não só por nós mesmos, mas também por nossos filhos e netos — é metabolizar nossa dor e curar nosso trauma."[21] Se você é mãe de uma filha, confie que as filhas sempre querem suas mães. Em quase qualquer fase da vida, um novo vínculo é possível — particularmente durante certas transições poderosas, como a adolescência dela ou o quando ela se torna mãe, momento em que muitas filhas novamente anseiam pelo amor e orientação de uma mãe.

Para muitos de vocês, ler estas páginas pode desencadear *flashbacks* dolorosos da infância. Se isso acontecer, recomendo que procurem um terapeuta especializado em trauma e sensível ao apego, que possa ajudá-los a compreender emoções e memórias perturbadoras. Curar a Fome de Mãe não acontece de forma isolada. A Fome de Mãe é uma ferida relacional que deseja um reparo relacional. Para evitar ficar presa no desespero, é essencial contar com um guia confiável.

Homens, mulheres e a Fome de Mãe

Frequentemente me perguntam se os homens também podem sofrer com a Fome de Mãe. A resposta curta é sim. Todos os bebês precisam de cuidado materno e proteção. Se isso está em falta, ambos meninos e meninas experienciam a Fome de Mãe. Mas, à medida que os meninos amadurecem, a necessidade de orientação muda da mãe para o pai. Os meninos normalmente se voltam para o mundo dos homens em busca de mentores e para se encaixar nos ideais culturais masculinos.

Para meninos de grupos não dominantes, esse processo é carregado de complicações, mas a Fome de Mãe pode não ser uma delas.

Embora modelos de papéis diversos também sejam úteis para a maturação das meninas, elas se beneficiam especialmente da orientação materna ininterrupta. Na verdade, é através do corpo, da mente e do espírito da mãe que as filhas definem a feminilidade, a biologia e a si mesmas.

Maternidade "Boa o suficiente"

Décadas atrás, o dr. Donald Winnicott, pediatra e psicanalista britânico, nos trouxe o conceito da "mãe boa o suficiente". Ao mesmo tempo, ele também nos ofereceu uma das poucas definições de *maternidade* que realmente funcionam. Winnicott explicou que as mães "boas o suficiente" sintonizam com as necessidades de seus recém-nascidos. De alguma forma, essas mães sabem da urgência temporária das necessidades de um bebê. Elas parecem entender que a resposta sensível é essencial para a saúde do recém-nascido e que há algo essencialmente bom nos processos iniciais de vínculo. Salvo outras adversidades da vida, as mães "boas o suficiente" ajudam a construir crianças com apego seguro, que atingem marcos do desenvolvimento porque se sentem seguras e amadas.[22]

O termo *mães boas o suficiente* me deixa desconfortável. Embora uma parte de mim o considere um alívio — uma maneira de pensar sobre a maternidade (ou qualquer outra coisa, na verdade) sem nos impor um padrão impossível — ele minimiza a importância monumental dos processos iniciais de apego e a importância crítica da maternidade. Portanto, é um termo que não usarei para explicar a Fome de Mãe.

Três elementos essenciais da maternidade

Para entender, tratar e escrever sobre a Fome de Mãe, eu precisei de um conceito mais preciso do que "bom o suficiente" para quantificar o amor materno. Com o tempo, identifiquei três elementos essenciais maternos que contribuem para um senso de valor e segurança: cuidado, proteção e orientação. Estes são os elementos de cuidado que se traduzem em amor materno.

Cuidado: a mãe é nossa primeira fonte de cuidado. Ela nos oferece tanto alimento quanto conforto. Sua capacidade de responder à fome e à nossa necessidade de proximidade nos ensina sobre o mundo desde os primeiros momentos de vida. Com seu cuidado, aprendemos se somos importantes ou não. Aprendemos como o amor é.

Proteção: A proteção materna é fundamental para a sobrevivência. Ela favorece o desenvolvimento ao amortecer ameaças que, de outra forma, gerariam medo e ansiedade. Essas ameaças podem incluir desde a falta de abrigo até irmãos agressivos ou adultos insensíveis. A proteção começa no útero e continua por muito tempo, já que as filhas necessitam da proteção materna contra forças que desvalorizam e violam as meninas.

Orientação: À medida que crescem, as filhas observam as mães em busca de pistas sobre o que é ser mulher. Elas aprendem como tratar outras mulheres a partir do respeito e do cuidado da mãe. Aprendem a ser fortes e gentis, acolhedoras e corajosas, com base em seu exemplo. No entanto, se os dois primeiros elementos — cuidado e proteção — estiverem ausentes, é improvável que a filha confie na orientação da mãe. O vínculo se torna frágil demais. Em vez disso, ela pode acabar se afastando das regras, do modo se ser ou dos desejos da mãe.

Mães que fornecem esses elementos essenciais são um refúgio contra as tempestades da vida. Claro que até mesmo as mães que oferecem esses elementos vão cometer muitos erros ao longo do caminho. Felizmente, erros não criam a Fome de Mãe. A Fome de Mãe surge de *danos não reconhecidos* no cuidado, proteção ou orientação. Mães que reconhecem seus erros e fazem reparações mantêm o vínculo seguro. Para que qualquer mãe faça isso de forma eficaz, ela precisa ser acolhida por amigas, protegida por parceiros e apoiada por familiares. Se esses recursos não estiverem disponíveis, uma mãe pode precisar de apoio profissional para atender às exigências da maternidade.

Espelhamento e empatia

Com repetição e previsibilidade, a formação neural de um bebê imita a de seu cuidador, imprimindo um modelo de como amar e como se sentir. O toque regular e afetuoso ajuda o cérebro a se desenvolver, alimentando os neurônios promovendo o vínculo. O bebê se desenvolve nos braços de sua mãe, contra o coração dela, um suspiro de cada vez. Na díade mãe-bebê, a sinfonia do amor orquestra um cérebro capaz de dominar a observação, a comunicação e a conexão social, habilidades que servirão ao longo da vida. O espelhamento torna possível esse aprendizado não verbal.

Quando sorrimos para alguém, os neurônios-espelho dessa pessoa responsáveis pelo sorriso são ativados, estimulando uma reação química em seu cérebro que libera dopamina e serotonina, hormônios que aumentam a felicidade e reduzem o estresse. Da mesma forma, quando vemos alguém sorrir, isso ativa nossos próprios neurônios-espelho responsáveis pelo sorriso.[23] Esse é o princípio do espelhamento em ação. O espelhamento nos permite sentir ou "entender" outra pessoa. Isso não requer esforço cognitivo; está biologicamente programado em nossos neurônios-espelho. Dessa forma, sentimos automaticamente o que outra pessoa está sentindo apenas ao ver suas expressões faciais. O espelhamento é o começo da empatia. E a empatia nos torna humanos, proporcionando uma base para a conexão e a comunidade, além de nos proteger da solidão.

O espelhamento começa nos primeiros meses de vida. Todos os bebês estudam o rosto da mãe. Os olhos dela, o sorriso e as expressões faciais são pistas sobre se eles estão seguros e amados. Se o rosto da mãe parecer acolhedor e relaxado, o bebê perceberá o sinal de que tudo está bem. Por outro lado, se a mãe parecer irritada ou fria, os neurônios-espelho do bebê registram uma ameaça. Quando o rosto vazio ou a testa franzida de uma mãe saúda seu recém-nascido, a conexão humana pode se tornar uma experiência desagradável, até mesmo aterrorizante, para um bebê em desenvolvimento.

Isolamento e solidão

Em entrevistas recentes, o ex-cirurgião-geral dr. Vivek Murthy discute a natureza tóxica da solidão. Ele explica que a solidão persistente cria um "estado crônico de estresse" que, por sua vez, prejudica o sistema imunológico, causa inflamação, problemas cardíacos, depressão e ansiedade, além de aumentar a probabilidade de morte prematura. "A solidão crônica equivale a fumar 15 cigarros por dia", afirma dr. Murthy.[24] Em uma cultura que incentiva o treinamento de independência para bebês e crianças, muitos pais desconhecem as necessidades essenciais de apego de seus filhos. Temendo que seus filhos se tornem fracos, carentes ou mimados, até mesmo os pais mais bem-intencionados cometem erros que deixam seus pequenos solitários, prejudicando o apego seguro e criando as condições para o desenvolvimento da Fome de Mãe.

Quando adultos, muitos de nós vivemos com um desejo profundo e inconsciente por amor e segurança, originado de uma solidão excessiva durante períodos vulneráveis e dinâmicos de crescimento cerebral. Embora possamos parecer capazes e fortes, há, no fundo, uma sensação persistente de vazio. Adaptar-se à solidão cedo demais na vida deixa um vazio profundo onde o amor e a conexão deveriam estar. Sem uma bússola interna para o amor e a vida, seguimos em frente de forma confusa, com cérebros moldados pela solidão e despreparados para relacionamentos saudáveis.

Primeiro amor

Quer seja perturbador ou reconfortante, o amor de uma mãe é seu primeiro amor, plantando as sementes de como você se sente em relação a si mesmo, às outras pessoas e ao mundo ao seu redor. Se a sua primeira experiência de amor foi positiva, é provável que outros relacionamentos também sejam. Caso contrário, um vínculo materno rompido estabelece as bases para todas as outras relações em sua vida. Seja por ter sentido o peso de cuidar do bem-estar emocional de sua mãe ou por nunca ter recebido atenção suficiente dela, essa conexão fragmentada com a pessoa mais importante da sua vida pode deixá-lo com a sensação de estar errado ou inadequado — e vulnerável a desejos compulsivos, oscilações de humor, isolamento e vergonha. Muitas mulheres me contam que amigos bem-intencionados, diretores espirituais e até profissionais da saúde mental não compreendem essa dor. Na verdade, alguns desencorajam qualquer conversa sobre o assunto. Não é de se surpreender que você possa se sentir desleal ou ingrata ao mencionar sua mãe. Quando não há um espaço seguro para expressar essa perda, o luto fica preso no corpo. A Fome de Mãe permanece invisível e sem tratamento, continuando a afetar seu humor e suas relações com aqueles que ama. Compreender a natureza do primeiro relacionamento da sua vida não significa ser ingrata ou sentir pena de si mesma. Pense nisso como um passo corajoso em direção à integridade. *Reconhecer o que você teve e o que perdeu ajuda a traçar o caminho para recuperar o que precisa.*

Existe um nome para a sua dor

Viver com a Fome de Mãe não identificada é como atravessar a vida com viseiras. Simplesmente não se pode curar aquilo que não se consegue ver. Nestas páginas, vamos retirar essas viseiras emocionais para identificar os elementos do cuidado materno que estiveram ausentes em sua criação. Exploraremos mais a fundo os três elementos essenciais da maternidade para que você compreenda o impacto em seu desenvolvimento quando um ou mais deles faltam. Entender a maternidade é o primeiro passo para recuperar o que foi perdido.

Sua experiência com a Fome de Mãe é única em relação com sua mãe, mas a angústia que ela provoca é universal. As emoções associadas à Fome de Mãe incluem sentimentos humanos comuns, como tristeza, ansiedade e confusão. Normalmente, essas emoções encontram alívio em relacionamentos com amigos e parceiros. No entanto, a Fome de Mãe dificulta a criação de vínculos, e, infelizmente, os relacionamentos nem sempre trazem esse alívio. Por isso, é fácil ficar preso nesse ciclo. A Fome de Mãe se fortalece e persiste em um ambiente de solidão, medo e vergonha. Essas emoções estressantes frequentemente exigem um alívio compulsivo, o que explica por que tantas pessoas desenvolvem dependências por comida, sexo, amor, trabalho, exercícios ou consumismo. Discutiremos como esse processo acontece no capítulo 4.

Ainda que este seja um tema muito difícil, se você se identificou com a Fome de Mãe e está em processo de cura, espero que este livro a ajude a se sentir menos sozinha. Após ler este capítulo, você sabe que há *nome para sua dor*. Elementos essenciais estiveram ausentes no ambiente formativo de cuidado. Agora, anos de emoções reprimidas começarão a vir à tona, à medida que a sabedoria do seu corpo assume o controle. Com um nome para sua angústia, uma nova força se aproxima no horizonte.

2: TEORIA DO APEGO E A FOME DE MÃE

A teoria do apego está ganhando força como a principal explicação psicológica para o modo como os seres humanos vivem e amam.[1] Nosso estilo de apego individual funciona como um mapa internalizado que orienta a forma como nos conectamos com os outros. Embora os comportamentos de apego humano sejam diversos, cada um de nós desenvolve padrões dominantes de conexão e relacionamento que são impressos muito cedo. Para compreender a Fome de Mãe, vamos analisar de perto os meses iniciais sob os cuidados de nossa mãe, quando estamos "aprendendo" a nos apegar.

Dr. Daniel J. Siegel, autor, psiquiatra e diretor do Centro de Desenvolvimento Humano da UCLA, oferece uma perspectiva clínica: "O apego estabelece uma relação interpessoal que ajuda o cérebro imaturo [da criança] a usar as funções maduras do cérebro dos pais para organizar seus próprios processos."[2] Na ausência de um adulto estável, acolhedor e protetor, as primeiras lições de apego podem gerar insegurança. A *Fome de Mãe* é um termo que descreve como o estilo de apego inseguro *se manifesta* na vida adulta e o que ocorre quando elementos essenciais do cuidado materno estão ausentes. Compreender a raiz do apego inseguro orienta o processo de cura e aumenta a possibilidade de desenvolver vínculos seguros na vida adulta.

Teoria do apego

A teoria do apego surgiu após a Segunda Guerra Mundial, quando John Bowlby, um psiquiatra e psicanalista britânico que trabalhava em orfanatos, percebeu que, embora as crianças estivessem recebendo comida, abrigo e cuidados médicos, elas não prosperavam; na verdade, muitas morriam.[3] Bowlby passou a estudar como isso poderia acontecer, e mais tarde Mary Ainsworth ampliou seu trabalho. A partir de suas pesquisas, testadas em diversas partes do mundo desde então, a teoria do apego nos traz de volta a uma verdade básica: os bebês humanos são biologicamente programados para depender da atenção de um cuidador.[4] Bebês são "máquinas de apego", projetados biologicamente para ficar próximos de um cuidador primário. Se um bebê ou criança não está prosperando, isso não significa necessariamente que há algo de errado com ele. Pelo contrário, pode ser um indicativo de que falta algo no ambiente de cuidados.

Assim como um recém-nascido precisa de proteínas e gorduras para construir o cérebro e o corpo, ele também precisa do calor de sua mãe para fortalecer as áreas sociais do cérebro. Abraços estimulam o crescimento cerebral do bebê. O mesmo acontece com as milhares de micro-interações que ocorrem durante momentos como a troca de fraldas, a alimentação e o suporte do bebê. Cada momento tem o potencial de construir a sensação de que as *pessoas trazem prazer* e que o mundo é um lugar seguro e acolhedor para estar. Interações pacíficas e responsivas entre a mãe e o bebê estimulam o centro de recompensas do cérebro da criança, ativando a dopamina, a serotonina e outros neurotransmissores que fazem a vida parecer boa. Quanto mais aconchego existir no mundo de um bebê, mais receptivo será seu cérebro ao amor e a outros sentimentos positivos à medida que cresce. Nos primeiros 18 meses de vida, seus neurônios sensoriais em rápido crescimento aprendem silenciosamente com a proximidade responsiva de sua mãe.

Os cuidados maternos saudáveis promovem o desenvolvimento do cérebro direito. O cérebro direito é o centro do pensamento prático futuro e da capacidade de perceber as pistas dos outros e cultivar empatia pelo que os outros sentem. *O crescimento do cérebro direito depende de momentos de apego previsíveis e sensíveis.*[5] O dr. Allan Schore, professor de neurobiologia interpessoal na Escola de Medicina Geffen da UCLA, chama esse processo de "dependente da experiência".[6] Dessa forma, o amor de uma mãe é a base para um cérebro que confia ou desconfia fundamentalmente da conexão humana.

Aprendendo a se apegar

As experiências primitivas de toque amoroso e sons seguros são armazenadas no corpo como memória implícita. A memória implícita, ou memória baseada no corpo, é como guardamos informações sobre o mundo e nossa família antes de a memória explícita, ou memória consciente, entrar em ação. A memória explícita nos permite recordar o que aconteceu ontem, no ano passado ou na noite passada. Nossa compreensão da memória implícita vem dos psicólogos Peter Graf e Daniel L. Schacter, cujas descobertas elucidam como e por que às vezes reagimos a experiências iniciais sem ter memórias conscientes delas.[7] Nossas células guardam as histórias de experiências muito precoces, independentemente do tempo que tenha passado. Mas a memória implícita não tem recordação.

Devido à partes do nosso cérebro límbico, em especial a amígdala, responsável por processar emoções, já estarem ativas desde o nascimento, isso torna as primeiras interações humanas especialmente significativas. Mesmo quando bebês, capturamos sensações sobre o ambiente (segurança, pertencimento, alegria, estresse) em nossa memória implícita. A memória implícita é uma parte primitiva de nossa inteligência inata, ensinando-nos sobre segurança e amor antes que as áreas corticais superiores do cérebro se desenvolvam e nos ajudem a compreender a realidade. Do último trimestre da gravidez até o segundo ano de vida de um bebê, o cérebro dobra de tamanho. Durante esse período de crescimento rápido, o cérebro de um bebê depende do cérebro de seu cuidador primário para a regulação emocional — para acalmar o sofrimento, sentir-se seguro e confiar na conexão humana. Ele ainda não consegue "pensar" por si mesmo. Em outras palavras, ele precisa que seus cuidadores traduzam o amor para a linguagem do bebê por meio de som, toque e consistência.

Dada a ciência que nos informa que os pequenos não têm a capacidade de pensar como crianças ou adultos, é lamentável como muitos especialistas em paternidade mal informados ensinam os pais a acreditar que bebês podem ser manipulativos. Manipulação é um processo de pensamento mais elevado, que ainda não é possível para eles — e não será por anos. Choro ou birras não são tentativas de manipular os cuidadores, e sim sinais de angústia e um pedido de ajuda. Crianças pequenas e em desenvolvimento não têm a capacidade de regular suas emoções sozinhas. Elas aprendem isso com o cuidado que recebem.

Essencialmente, os bebês estão compartilhando um cérebro com suas mães enquanto aguardam o desenvolvimento das regiões cognitivas do cérebro responsáveis pela lógica e razão. A proximidade física e as interações sensíveis com a mãe ou cuidador primário apoiam os processos biológicos que permitem que o cérebro se desenvolva de forma ideal. Quando os hemisférios cerebrais trabalham bem juntos, aprender e regular as emoções torna-se mais fácil. Ambas as aptidões dependem totalmente do cuidado e proteção iniciais, o que significa que as mães são, essencialmente, arquitetas do cérebro. Eu certamente não percebia a magnitude da maternidade quando me tornei mãe e era uma novata. Essas informações não estavam disponíveis, e eu simplesmente não sabia o que ainda não havia aprendido.

Padrões de apego

Os sentimentos ligados ao cuidado inicial ficam impressos na memória implícita. E a memória implícita informa nossos padrões únicos de busca por apego. Dessa forma, nosso corpo e mente direciona a história da vida cotidiana, quer tenhamos consciência disso ou não. A falta de consciência e de acesso a essas primeiras experiências explica por que é comum pensar que todos socializam, se conectam, brincam ou trabalham da mesma forma que nós. Podemos não entender como nossos padrões e comportamentos de apego são únicos até que haja um conflito com alguém de quem gostamos. O conflito oferece uma chance de aprender algo novo sobre como nos conectamos, o que precisamos e como os outros interpretam nossos comportamentos. Mas muitos de nós relutamos em aceitar a sabedoria embutida no conflito porque não temos as ferramentas para entender nosso próprio humor problemático ou ciúmes intensos. Simplesmente não sabemos *por que* nos sentimos da maneira que nos sentimos.

A parte lógica do nosso cérebro não possui a chave (memória explícita) para a formação inicial da personalidade (memória implícita). Quando ganhamos percepção sobre as sensações do nosso corpo e prestamos atenção nos nossos sentimentos, temos mais controle sobre nossas escolhas e comportamentos. Esse processo leva tempo, no entanto, porque, sem a memória explícita dos nossos meses e anos formativos, a história de como aprendemos a nos apegar e a amar não está prontamente disponível. Mas fique tranquila, pois à medida que você aprende mais sobre os elementos essenciais do cuidado materno, como sintonia e espelhamento, seu corpo e sua mente podem começar a reconhecer o que foi perdido nos primeiros anos. Embora o reconhecimento possa trazer emoções difíceis, esses sentimentos desagradáveis ou surpreendentes preparam você para a cura e a transformação.

Sintonia

Quando algo ou alguém é importante para você, você lhe dedica toda a sua atenção. Prestar atenção é uma forma de demonstrar apreciação, amor ou respeito.

A atenção exige tanto sua presença física quanto emocional. Atenção é sintonia. Sintonizar-se com sua atividade, professor ou amigo favorito é uma demonstração do que importa para você. Sintonia é uma expressão completa de seu ser.

Bebês que recebem sintonia de um cuidador primário nos primeiros três anos são mais capazes de gerenciar e acessar uma ampla gama de emoções à medida que crescem e aprendem. Pesquisadores de apego chamam esses bebês de *apegados de forma segura*. Crianças com apego seguro têm cérebro feliz. Isso não significa que elas sejam sempre crianças felizes; significa simplesmente que o cérebro deles está funcionando bem.

A sintonia é a linguagem do amor materno. Através de seu olhar, sons e toques, uma mãe ensina ao seu bebê como é o amor. Um bebê adora o rosto da mãe. Ele não se importa se a mãe é brilhante ou bonita, ele só quer que ela esteja presente. Mesmo que o bebê ainda não consiga focar em cada detalhe da expressão da mãe, ele sente a sintonia. O dr. Edward Tronick conduziu experimentos para ilustrar a sintonia materna.[8] Em seu famoso "experimento do rosto imóvel", as mães começam interagindo com seus bebês de uma maneira familiar. Observamos como eles se divertem juntos, compartilhando sons, gestos e contato visual. Após alguns minutos, as mães são instruídas a se desconectar dos bebês e manter um rosto imóvel, permanecendo no mesmo lugar.

As mães param de sorrir e fazer sons. Após apenas alguns momentos com uma mãe não responsiva e sem expressão, os bebês, antes alegres, ficam confusos e angustiados. Eles choram em protesto e tentam chamar a atenção da mãe novamente. Universalmente, os bebês fazem tentativas repetidas para se reconectar com as mães, enquanto o rosto das mães permanece inexpressivo. A interação é realmente difícil de assistir. Podemos ver a angústia. É como se o bebê estivesse dizendo: "O que *aconteceu?* Onde você *foi?* O que está *errado? Eu preciso de você!*" Sem sintonia, um bebê não consegue tolerar a proximidade da mãe. Não basta que ela esteja fisicamente presente; o bebê precisa que ela esteja emocionalmente presente também.

Felizmente, no experimento, as mães fazem reparações rápidas (caso contrário, isso seria cruel), alcançando seus bebês, sorrindo, conversando suavemente e acalmando a angústia. A demonstração ao vivo entre mãe e bebê nos mostra como é poderosa a dança calorosa da sintonia. Essas primeiras lições relacionais são os blocos de construção para o apego seguro e para a autoestima futura.

Além da sintonia materna, podemos ver como os bebês são resilientes e adaptáveis no experimento do rosto imóvel. Com um cuidado sensível, eles se recuperam rapidamente da angústia. Nenhuma mãe está perfeitamente sintonizada com seu bebê o tempo todo, e nem precisa estar. Mas as mães atentas não deixam seus pequenos desamparados por muito tempo ou com muita frequência. Como as mães no experimento de Tronick, elas fazem reparações oportunas quando perdem um sinal de conexão.

Esse vai e vem entre mãe e bebê constrói confiança e apego seguro, sendo essencial para o desenvolvimento do cérebro direito.[9] Pesquisas atuais mostram que, por volta do terceiro mês, uma menina já imita os sons e expressões da mãe.[10] Beatrice Beebe, Ph.D., professora clínica de psicologia no New York State Psychiatric Institute e especialista em comunicação mãe-bebê, documenta que, aos quatro meses, as meninas bebês perdem os gestos faciais que suas mães não têm. A pesquisa de Beebe tem implicações profundas para uma menina cujo vínculo materno é interrompido por distrações, como a mãe estar constantemente ao telefone, sobrecarregada com outras responsabilidades, ou simplesmente ter uma expressão facial neutra. As expressões faciais de uma mãe não comunicam apenas emoções, mas também criam a rede neural do cérebro de seu bebê. A qualidade e a presença do olhar materno fazem parte desse processo psicobiológico. Assim, podemos entender como a falta de sintonia materna é uma forma de adversidade precoce.

Amor não é suficiente

O amor por si não é suficiente para construir um apego seguro, e o DNA compartilhado não garante que uma criança se sinta amada. A sintonia traduz o amor para a "linguagem" do bebê. Na verdade, independentemente da nossa idade, todos experimentamos o amor a partir da sintonia. Nos sintonizamos com as pessoas que importam para nós — ou pelo menos tentamos. Muitos de nós lutamos, porque a sintonia não vem naturalmente. Se não fomos acolhidos dessa forma na infância, precisamos de ajuda para aprender a nos sintonizar com aqueles de quem gostamos. Isso explica a popularidade do best-seller *As cinco linguagens do amor*. Nele, o autor Gary Chapman ensina os adultos a expressar o amor de maneiras que seu parceiro consiga sentir. Chapman explica que não basta estar "apaixonado". Devemos expressar o amor na linguagem que o parceiro compreende. Como isso é verdade para os adultos, podemos entender que é ainda mais importante para bebês e crianças, que não conseguem entender os comportamentos dos adultos.

A sintonia é o trabalho invisível do cuidado materno. As mães se sintonizam de muitas maneiras, como por exemplo, procurando pistas de que seu filho precisa dormir, se alimentar ou ser acalmado. Uma mãe atenta observa o que acalma seu bebê. Uma mãe carinhosa ajusta seu toque de maneiras que agradam ao bebê. Ela busca sinais que indiquem que o bebê está com medo ou solitário. Uma mãe sintonizada dá espaço ao filho quando o pequeno parece satisfeito. Esses são gestos poderosos, mas simples, que constroem um relacionamento. A sintonia é um verbo e uma expressão ativa de amor.

Às vezes, os cuidadores temem que, se responderem muito ou com muita frequência aos sinais do bebê, estarão mimando a criança. Mas o verdadeiro significado de *mimar* é deixar algo na prateleira para apodrecer. Não existe isso de mimar um bebê, mas essa desinformação é muito comum. Atender às necessidades do bebê por conforto, alimento e toque constrói pertencimento, amor e confiança. Essas são necessidades humanas essenciais. Quando essas necessidades são atendidas no momento adequado do desenvolvimento, as tarefas posteriores de socialização, aprendizado e individualização fluem. A sintonia desenvolve um sistema nervoso saudável e robusto que permitirá à criança conhecer a si mesma, explorar o mundo e formar conexões felizes com os outros no futuro.

Apego seguro

O cuidado e a sintonia não precisam ser perfeitos para que os bebês formem um apego seguro. Todas as mães cometem muitos erros ao cuidar de seus pequenos. Ao segurar, embalar e pedir desculpas, as mães sintonizadas compensam os erros naturais. Por meio de esforços sensíveis de reparação como esses, as mães reestabelecem uma conexão com seus filhos após estarem ausentes por muito tempo ou terem um surto emocional. A natureza não exige perfeição. As crianças também não. O apego seguro vem de uma troca relacional e confiável entre mãe e filho, implantando a crença de que os relacionamentos aliviam a dor. Essas primeiras lições relacionais fortalecem os sistemas cerebrais em desenvolvimento para a saúde e felicidade contínuas, e criam o apego seguro.

Criar uma criança com apego seguro é a magia da maternidade: um trabalho ativo de sintonia e a monumental coreografia de apoiar um ser humano.

O apego seguro permite que a maturação flua. A independência é um subproduto das necessidades de dependência saudável que foram atendidas durante os meses e anos mais vulneráveis. O apego seguro é como ter um lugar seguro para viver, um lugar emocional para chamar de lar. Crianças com apego seguro tendem a ser mais curiosas e menos agressivas do que seus colegas com apego inseguro. Elas são capazes de demonstrar empatia pelos outros e lidar com certas dificuldades. Crianças com apego seguro continuam a formar laços estreitos ao longo da vida com amigos, parceiros e seus próprios filhos.

Apego inseguro

Como qualquer outra criança, as crianças com apego seguro enfrentam dificuldades quando coisas ruins acontecem, mas elas se recuperam rapidamente e confiam nos outros para ajudá-las nos momentos difíceis. Já bebês que não recebem cuidado adequado nos primeiros anos carregam um sofrimento interno. Crianças sem apego seguro crescem e se tornam adultos com um sistema nervoso construído de maneira diferente daqueles com estilos seguros. À medida que amadurecem fisicamente, as crianças com apego inseguro têm dificuldades com a maturidade emocional, o que pode levar a sintomas de ansiedade. Confiar nos outros é difícil, assim como se concentrar. Quando as crianças chegam à idade do ensino fundamental, o apego inseguro pode se manifestar como depressão, indecisão, procrastinação, isolamento social, distúrbios alimentares ou vícios. A ciência do apego nos diz que cerca de 50% da população tem um estilo de apego inseguro.[11] *Fome de Mãe* é o termo que descreve como é o apego inseguro — uma fome de pertencimento, de afeto e de segurança que não desaparece, apesar de toda sorte de esforços psicológicos.

Sinais do apego inseguro

Para crianças e adultos com apego inseguro, o sofrimento emocional é mais desafiador do que para aqueles com apego seguro. Por falta de cuidado emocional precoce, crianças e adultos com apego inseguro têm dificuldade de trabalhar bem com os outros, se retirando ou se isolando quando têm medo. Pessoas com apego inseguro podem ser excessivamente dependentes e ter menos paciência e flexibilidade do que seus pares com apego seguro. A memória é prejudicada. Menos propensos a fazer amizades duradouras, as pessoas com apego inseguro lutam contra a solidão, e algumas podem ser agressivas durante conflitos.[12]

O número de pessoas com apego inseguro é tão significativo que não faz absolutamente nenhum sentido patologizar essa experiência humana. Na verdade, o apego inseguro poderia ser considerado "normal", se fossemos ousados o bastante para usar tal palavra. As adaptações psicológicas ao apego inseguro (problemas de saúde mental, dependências e outros problemas de saúde) têm a ver com a falta de apoio, não com fraqueza moral. A falta de cuidados danifica os circuitos cerebrais destinados à conexão e fortalece os circuitos projetados para a preservação. Dessa forma, o apego inseguro está configurado para uma solidão potencial e contínua. O apego inseguro explica a experiência comum que muitos de nós compartilhamos — o desejo por algo ou alguém que alivie a dor do isolamento.

A ausência de conforto e proteção maternos pode formar uma lesão de apego antes que funções superiores, como memória explícita, cognição e lógica, sejam desenvolvidas. É difícil falar sobre algo que não conseguimos lembrar. Mulheres com apego inseguro descrevem sentimentos de peso, dormência ou agitação, sem saber por quê. Lutar contra sintomas de depressão, distimia ou ansiedade generalizada é comum. A Fome de Mãe de Terceiro Grau (que discutiremos no capítulo 8) compartilha sintomas com transtorno bipolar e transtorno de personalidade *borderline*. A Fome de Mãe esclarece a confusão em torno desses sintomas, iluminando a dor interna profunda que está por trás deles.

Mulheres com conexões maternas seguras não conseguem se relacionar com o desespero e a vergonha associados à Fome de Mãe. Isso não acontece porque elas não são bem-intencionadas ou não têm períodos de luto — as mulheres com apego seguro simplesmente não têm Fome de Mãe. Para elas, é inimaginável. Elas se apoiam no calor de suas mães quando a vida fica difícil e celebram os momentos felizes juntas. Elas pedem ajuda quando precisam. Filhas com apego seguro compartilham marcos e outras alegrias com suas mães, seja um casamento, uma promoção, uma receita simples ou o nascimento de um filho. As interações contínuas entre mães e filhas continuam sendo uma parte íntima e formativa da vida.

Por outro lado, mulheres com apego inseguro não conseguem se identificar com relações calorosas entre mãe e filha. Elas aprenderam, ainda muito jovens, a não se aproximar de suas mães quando estavam assustadas ou tristes — e às vezes até quando estavam felizes, porque sabiam que a alegria poderia ameaçar sua mãe emocionalmente frágil. Mulheres se lembram de apelidos que as faziam se sentir carentes e envergonhadas, como se fossem um fardo para suas mães. Algumas falam sobre serem afastadas quando precisavam de um abraço. Outras se sentiram sobrecarregadas com a necessidade de suas mães.

Sem o cuidado materno saudável, meninas pequenas podem crescer com um senso implícito e incorporado de que *estão sozinhas e que a culpa é delas*. Pensamentos como esses criam vergonha, uma autodepreciação que atrapalha o autocuidado, relacionamentos saudáveis e momentos genuínos de alegria. A vergonha parece como uma gaiola trancada. A dra. Jean Baker Miller cunhou o termo *isolamento condenado* para descrever essa experiência de isolamento e vergonha.[13] Sarah Peyton, autora de *Your Resonant Self*, chama isso de *solidão alarmada*.[14] O fato de existirem vários nomes para capturar a agonia da vergonha e do isolamento mostra que você não está sozinha se estiver lutando contra essa dor.

Nos meus anos de prática, ainda não tratei uma mulher com apego seguro que sofresse de Fome de Mãe. No entanto, tive muitas oportunidades para explorar a diversidade do apego inseguro. O apego inseguro é geralmente dividido em duas categorias: ansioso ou evitável. Vamos abordar ambos os tipos aqui. O apego desorganizado, uma categoria rica e complexa, às vezes chamada de *apego evitável temeroso*, muitas vezes é negligenciado ou mal compreendido. Por essa razão, abordarei o apego desorganizado de forma mais detalhada no capítulo 8, no contexto da Fome de Mãe de Terceiro Grau.

As categorias de estilo de apego são úteis ao conceber o comportamento humano, mas é importante lembrar que foram criadas para fins de pesquisa, não para nos rotular. Aprender sobre e entender as diferentes nuances do apego é útil para o seu próprio autoconhecimento. A conscientização traz aquele momento de "aha!" quando uma memória implícita de repente faz sentido e consegue chegar à parte do cérebro que lhe dá acesso à lógica e à mudança. É assim que você reescreve uma história para a cura.

Ao revisarmos os estilos de apego evitável e ansioso, é útil saber que ninguém se encaixa completamente em nenhuma das categorias. Na verdade, o seu estilo de apego pode variar dependendo de quem você está se relacionando.

Apego evitável

Crianças com apego evitável aprendem a reprimir seus sentimentos desde muito cedo. A maioria cria um distanciamento emocional das pessoas como uma medida defensiva — uma forma de evitar rejeição ou sufocamento. Na vida adulta, mulheres com apego evitável tendem a ter um pensamento linear. Falar sobre emoções ou sentimentos deixa indivíduos evitáveis muito desconfortáveis. Esse estilo de apego é frequentemente chamado de *desdenhoso*, pois, ao reprimirmos nossos próprios sentimentos, temos dificuldade em nos conectar genuinamente com as emoções dos outros.

Descobri que existem duas principais formas pelas quais o apego evitável se desenvolve:

Cuidado materno insuficiente: A principal cuidadora frequentemente não conseguia responder às necessidades da criança. Ela a abandonou cedo demais e com muita frequência, deixando um sofrimento pela separação não reparado, o que prejudicou o vínculo inicial. A ausência de cuidado fez com que a criança desistisse de buscar a atenção da mãe. Se ninguém mais viesse acalmar seu sofrimento, a estrutura de personalidade evitável começava a se formar como um mecanismo para reprimir a necessidade de conforto humano e suportar o insuportável.

Superproteção materna: A principal cuidadora era sufocante. Para bebês, a superproteção não costuma ser um problema. Muito cuidado é melhor do que não receber o suficiente. No entanto, com o tempo, filhas superprotegidas têm dificuldade de estabelecer limites e se distanciar de uma mãe dominadora. No meio clínico, esse fenômeno é chamado de *enredamento*. O enredamento ocorre quando a necessidade da mãe por companhia e validação sobrecarrega a capacidade da criança de desenvolver autonomia e autocuidado. Esse processo inverte os papéis, fazendo com que a filha assuma a responsabilidade de cuidar da mãe, em vez de receber cuidado dela.

O enredamento é uma forma insidiosa de negligência, é o oposto do cuidado genuíno. Na adolescência e na vida adulta, filhas que cresceram em relações de enredamento sentem-se confusas em relação à raiva e frustração que nutrem pela mãe, que aparentam ser tão "boa". Terapeutas, sem perceber, podem aconselhá-las a serem mais pacientes, ignorando o peso emocional que essas filhas carregam. Dessa forma, a raiva que uma filha envolvida nessa dinâmica sente acaba sendo negligenciada e pode se transformar em depressão. Sem a intervenção adequada, essas mulheres perdem a validação emocional e não percebem que sua raiva é, na verdade, um alerta de que algo está errado. No capítulo 7, examinaremos mais de perto esse tipo de enredamento entre mãe e filha.

Mulheres com apego evitável podem ser muito encantadoras à primeira vista, dando a impressão de que estão emocionalmente presentes. No entanto, isso geralmente é um comportamento aprendido e não um reflexo real de disponibilidade emocional. Na vida adulta, mulheres evitáveis frequentemente se sentem sufocadas ou presas em seus relacionamentos mais próximos. Comportamentos de distanciamento que a maioria de nós usa com estranhos em um elevador ou no metrô tornam-se gestos automáticos para essas mulheres. Inconscientemente, sua linguagem corporal e expressões faciais transmitem a mensagem *afaste-se* ou *me deixe em paz.*

Mulheres com apego evitável tendem a não perceber os sinais sutis de proximidade emocional dos outros e se frustram quando aqueles ao seu redor buscam reafirmação, julgando-os como carentes ou inferiores. Esse julgamento funciona como um mecanismo psicológico de proteção, encobrindo a ferida emocional subjacente. Essa estratégia de autopreservação cria uma falsa sensação de poder, desequilibrando qualquer relacionamento. Como essas estratégias evitáveis são adaptações primitivas e implícitas a uma dor emocional insuportável, elas operam, em grande parte, de forma inconsciente, o que gera confusão quando amigos ou parceiros as apontam.

Como vivemos em uma cultura que valoriza a independência em vez da interdependência, mulheres com estilo de apego evitável frequentemente são reconhecidas por suas conquistas, ambição e força. Elas geralmente se sentem mais poderosas do que os outros. Disposição, calma, humor encantador ou personalidade superativa podem esconder um profundo poço de insegurança, tanto para elas mesmas quanto para aqueles que estão mais próximos.

Mulheres com estilo de apego evitável geralmente se sentem atraídas por pessoas com apego ansioso (que estão mais investidas no relacionamento), numa tentativa inconsciente de manter o controle e a ilusão de que tudo está bem. Dessa forma, elas conseguem satisfazer suas necessidades de proximidade sem precisar pedir. Pedir por conexão exige vulnerabilidade, e a vulnerabilidade emocional não é tolerável para mulheres com apego evitável.

Mulheres com apego evitável acreditam ser mais fortes e independentes do que realmente são. Elas se entediam facilmente e utilizam seus amigos e parceiros para gerar energia e atividade, a fim de se manterem engajadas. Por essas razões, mulheres com apego evitável podem demorar a identificar sua Fome de Mãe. Geralmente, é necessário uma crise para que uma mulher com apego evitável acesse sua tristeza e vulnerabilidade. A ameaça de uma perda significativa, como um relacionamento importante para ela ou uma oportunidade de carreira, toca seu medo profundo de abandono e provoca uma avalanche de tristeza, o que pode impulsioná-la a iniciar o processo de cura.

Apego ansioso

Ao contrário das mulheres com apego evitável, as mulheres com apego ansioso sabem que algo está errado com seus padrões relacionais. Elas geralmente se sentem envergonhadas de suas necessidades emocionais. Quando a cultura desvaloriza os relacionamentos e a conexão, a mulher com apego ansioso é rotulada como *carente*, *pegajosa* ou *dependente* ao tentar se conectar com os outros. Na verdade, mulheres com apego ansioso têm um desejo intenso de proximidade que é difícil de satisfazer. No entanto, isso não é uma patologia; é simplesmente uma forma de Fome de Mãe.

O apego ansioso ocorre quando as mães não estão sintonizadas com suas filhas de maneira previsível. Mães que têm dificuldade em demonstrar afeto ou que apresentam mudanças de humor frequentes e inexplicáveis criam filhas ansiosas. Mães excessivamente rígidas e perfeccionistas também podem gerar filhas ansiosas. Mães que se sentem sobrecarregadas pelas necessidades naturais de uma criança têm expressão facial e linguagem corporal que podem fazer com que a filha se sinta machucada e envergonhada, deixando para trás a pergunta: "Eu sou amável?".

Na vida adulta, mulheres com apego ansioso não possuem uma estrutura interna que as permita se sentir confortáveis consigo mesmas e com os outros. Elas anseiam por proximidade com amigos e parceiros, mas são facilmente tomadas por ciúmes e se irritam com facilidade. Adaptadas à privação, aprenderam que o amor é algo limitado. Sua intensidade emocional às vezes se assemelha ao comportamento de um bebê ou criança pequena em um estado de protesto (fazendo birra): chorando, gritando ou fazendo beicinho para atrair alguém. Mulheres com apego ansioso podem enfurecer-se, fazer beicinho, se privar ou buscar vingança quando percebem o abandono, até mesmo por suas filhas.

Mulheres com estilo de apego ansioso têm a mesma necessidade de autonomia que qualquer outra pessoa, mas não a sentem. Para elas, ficar sozinha é uma tortura, e o conceito de solidão restauradora é inimaginável.

A mudança é possível

Embora cada um de nós tenha um estilo de apego dominante, podemos mudar um pouco dependendo do relacionamento em que nos encontramos. Por exemplo, mesmo que você tenha uma tendência natural ao apego evitável nos relacionamentos, pode se sentir confusa ou insegura se sua melhor amiga precisar de muito tempo sozinha. Da mesma forma, se você se identifica com o apego ansioso, pode se sentir sufocada em um relacionamento que tenha esse mesmo estilo de apego.

Independentemente do seu estilo de apego, é totalmente possível criar o que os pesquisadores chamam de *apego seguro conquistado*. Em outras palavras, você pode mudar seu estilo de apego. À medida que restaura e reconquista os elementos maternais que não teve, pode construir um novo senso de segurança. Esforços de cura alteram a saúde neural e preenchem os espaços onde a conexão inicial deveria ter ocorrido. Assim como o exercício regular fortalece o corpo, esforços para restaurar o cuidado, a proteção e a orientação fortalecem o cérebro. O apego seguro conquistado exige esforço consciente, mas você já está dando o passo mais importante agora: adquirindo consciência.

Muitas mulheres conquistam a segurança com a ajuda de um terapeuta. Algumas constroem um senso interno de segurança com o apoio de bons amigos, parceiros e até mesmo animais de estimação. Dependendo da gravidade da sua Fome de Mãe, os ingredientes para melhorar o seu estilo de apego podem variar. No capítulo 9, faremos uma análise abrangente de como a cura se manifesta, mas práticas úteis são incluídas ao longo de todo o livro.

No próximo capítulo, exploraremos o elemento essencial do cuidado materno, que tem um impacto dramático em como desenvolvemos nosso estilo de apego e se sabemos ou não como é o sentimento de amor.

3: CUIDADO MATERNO

O cuidado é o primeiro elemento essencial de que os bebês precisam para construir uma base segura para a vida. O cuidado é a linguagem não verbal que diz ao recém-nascido *eu te amo* e *estou aqui*. Merriam-Webster define *cuidado* como "cuidar e encorajar o crescimento ou o desenvolvimento de alguém ou algo." A palavra vem do latim *nutrire*, que significa "amamentar" e "nutrir". Eu gosto de pensar no cuidado como uma forma de amamentação. *Amamentar* significa atender às necessidades de alguém que é dependente. Talvez isso explique por que geralmente associamos o cuidado às mulheres, pois podemos amamentar nossos bebês; no entanto, os homens também podem cuidar dos bebês. Tanto homens quanto mulheres têm receptores de ocitocina que facilitam o comportamento de vínculo.

Para entender como a Fome de Mãe começa, vamos analisar mais profundamente o que *cuidado* significa.

- O cuidado é a qualidade do atendimento responsivo entre um bebê e seu cuidador principal;
- O cuidado envolve tocar, segurar, alimentar, acalmar, cuidar da higiene e responder às necessidades;
- O cuidado é a linguagem do amor; o cérebro do bebê aprende pelo que sente;
- O cuidado é fundamental nos primeiros mil dias, quando o cérebro do bebê está passando pelo crescimento mais rápido;
- O cuidado é a base para o apego seguro e a saúde cerebral;
- O cuidado é essencial para todos os mamíferos. Desde o momento do nascimento, as mães, de todas as formas e tamanhos, abraçam, lambem, empurram e amamentam seus filhotes.

Ao nascer, um bebê reconhece a voz da mãe e a prefere em relação a todas as outras. Embora ele reconheça outros sons e vozes familiares, o líquido amniótico os abafou por nove meses. Eles são o pano de fundo para a conexão clara com a voz de sua mãe. Nos primeiros mil dias de vida, o cuidado precoce da mãe estabelece como o desenvolvimento emocional, mental e físico de um recém-nascido se desenrolará. "O tipo e o processo do parto, o contato próximo com a pele da mãe, a amamentação e o cuidado emocional, a proteção e os estímulos fornecidos pela família continuam esses processos gestacionais após o nascimento."[1]

A magia do cuidado

Os momentos e meses delicados após o nascimento são tão críticos que os especialistas em bebês se referem a eles como *o quarto trimestre*. No quarto trimestre (os três meses imediatamente após o parto), mãe e bebê precisam que a vida desacelere. Esse tempo delicado deve ser considerado parte da gravidez, pois o cérebro do bebê está crescendo a uma taxa impressionante — e o fertilizante é o cuidado materno.

Tanto para a mãe quanto para o bebê, nos primeiros 90 dias de vida fora do útero, o contato visual, o toque pele a pele e o cheiro um do outro intensificam a produção de hormônios de vínculo, moldando ambos os cérebros. O toque é tão importante nesse período que o pediatra de Yale, Matthew Grossman alterou o padrão de cuidado que utilizava para bebês nascidos dependentes de opioides. Em vez de tratar esses bebês com morfina e deixá-los sozinhos (que é o padrão tradicional de cuidado e pode levar semanas), ele os manteve perto da mãe, permitindo o contato pele a pele para acalmar o processo de abstinência. Os bebês sob seus cuidados saíram do hospital mais cedo do que os que receberam tratamento farmacológico.[2]

Nos meses após o nascimento, mãe e bebê estão se apaixonando. O contato pele a pele aumenta a ocitocina, às vezes conhecida como o hormônio do amor. Esse é o design da natureza para a sobrevivência humana. Para alguns, o vínculo pode ser instantâneo; para outros, ele se desenvolve de forma suave e gradual ao longo do tempo.[3] A separação entre mãe e bebê é arriscada durante o quarto trimestre, ou fase de fascínio. Para o bebê, a perda precoce da proximidade materna é codificada como uma ameaça profunda. A separação da mãe é a principal causa do estresse neonatal e pode se manifestar em aumento da frequência cardíaca e pressão arterial, além de diminuição da saturação de oxigênio no sangue.[4]

Os pais que carregam seus filhos em *slings* não estão simplesmente fazendo uma declaração de moda; eles são fábricas geradoras de ocitocina. Quanto mais toque e proximidade entre os dois, mais ocitocina é produzida. Pesquisas mostram que bebês que têm contato com o toque regularmente tem o cérebro maior e melhor do que aqueles que não são. A ocitocina cria uma reação biológica na mãe que pode ajudar a diminuir a ansiedade e reduzir a necessidade de se ocupar. A ocitocina a faz querer interagir com seu bebê e atender às suas necessidades. A natureza projeta o vínculo para nos fazer sentir bem e desacelerar. A ocitocina nos envolve durante momentos como amamentação, parto, abraço e orgasmo. São momentos que são potencializados pela quietude, momentos projetados para o vínculo. A ocitocina ajuda os casais a permanecerem juntos após um encontro sexual. A ocitocina faz com que as mães queiram segurar seus bebês. É por causa dela que alguém vai lá e limpa a cozinha.[5]

Infelizmente, muitas pessoas não estão cientes desse magnífico hormônio ou de como maximizar seus benefícios. Puérperas que frequentemente colocam o bebê em berço ou cadeirinha em vez de segurá-los podem perder a fórmula mágica do vínculo da natureza. Funcionários ou familiares bem-intencionados que separam mãe e bebê "para que ela possa descansar" estão interrompendo esse hormônio crítico para o vínculo. Políticas que permitem apenas seis semanas de afastamento do trabalho para a mãe são desastrosas para o processo de vinculação. Mãe e bebê precisam permanecer próximos um do outro — em um casulo de neuro-hormônios — pelo maior tempo possível. Assim como o primeiro impulso do amor romântico, a fascinação pelo recém-nascido serve a um propósito maior: vincular esses dois de forma segura e preparar o terreno para um apego ideal nos primeiros três anos.

Uma cuidadora primária precisa de muito apoio nos primeiros meses e anos. Em outras palavras, as mães precisam de cuidados maternos. A falta de compreensão sobre o quanto de apoio a cuidadora primária necessita, coloca tanto a mãe quanto a criança em risco. Tradicionalmente, as mulheres seriam apoiadas por outras mulheres de suas comunidades; no entanto, no mundo moderno, tendemos a viver espalhadas e separadas, e esse tipo de apoio se tornou raro. Uma doula pós-parto é uma forma de suavizar esse período de sobrecarga. Quando a mãe tem alguém dedicado a alimentá-la, cuidar de outros membros da família e fazer as tarefas domésticas, ela pode se concentrar no vínculo.

Além da ocitocina, após o parto, a glândula pituitária de uma mãe novata libera prolactina. A prolactina é o hormônio responsável pela produção de leite. Cada vez que o bebê mama, a estimulação dos mamilos libera prolactina, trazendo intensas emoções de amor, devoção e relaxamento. A sucção do bebê também estimula hormônios que proporcionam à mãe uma sensação de contentamento. No bebê, esses mesmos hormônios auxiliam a digestão.[6]

Os bebês sabem quanto tempo de sucção eles precisam. Às vezes é por fome, e outras vezes é por conforto. Por essa razão, prefiro o termo *amamentação* ao invés de *aleitamento*. Amamentar é nutrir. Amamentar inclui abraçar, fazer contato visual, balançar, cantar e até dar mamadeira; qualquer coisa que mantenha a ocitocina fluindo e permita que o vínculo e o apego se desenvolvam.

A ciência da amamentação ou aleitamento é fascinante, mas não se engane: pode ser difícil. Alguns dos desafios da amamentação, como dutos mamários entupidos, falta de apoio ou dificuldade para o bebê se fixar no seio, tornam difícil perseverar. As mães que conseguem amamentar precisam de tempo, paciência e apoio para aprender a sintonizar com os sinais guiados pelo bebê. Sentir a pressão de cumprir outras responsabilidades ou voltar ao trabalho ameaça o processo crítico de vínculo que a mãe e o bebê precisam.

Aprendendo com os animais

Os cuidados com os bebês deveriam ser instintivos, mas, infelizmente, gerações de mulheres sem cuidado adequado lutam para acessar o design natural. Os especialistas modernos em paternidade não ajudam. Muitos estão orientando mal os pais, sugerindo estratégias que colocam bebês e crianças em risco de adversidades desnecessárias — especificamente, muita separação materna. Para contra-atacar essa orientação inadequada, podemos aprender muito sobre o cuidado infantil estudando os animais.

Pesquisadores e cientistas estudam camundongos, ratos, rato-da-pradaria, ovelhas, macacos e outros mamíferos que possuem estruturas cerebrais semelhantes às nossas para entender melhor nossas necessidades primitivas de pertencimento materno e proteção.

Assim como outros mamíferos, os bebês humanos utilizam som, olfato e toque para identificar sua mãe e preferem ela a qualquer outra pessoa. Mamíferos maternos ficam próximos aos seus filhotes, limpam-no e os protegem de perigos.

Os filhotes de animais não são deixados sozinhos para chorar, a menos que algo terrível tenha acontecido com a mãe.

A pesquisa de Michael J. Meaney com ratas mães e seus filhotes mostra que a prole é fortemente influenciada pelo cuidado materno. Quando as ratas mães lambem e limpam frequentemente seus filhotes, genes são ativados que protegem os pequenos animais do estresse futuro. Essa proteção materna precoce persiste na idade adulta. No entanto, quando os bebês são privados de tal cuidado, os mesmos genes permanecem dormentes.[7] Portanto, o cuidado materno precoce altera permanentemente as regiões do cérebro que regulam a reatividade ao estresse. A pesquisa de Meaney reflete os achados da revisão da Organização Mundial da Saúde sobre a importância dos cuidadores iniciais para o crescimento e desenvolvimento de bebês e crianças.[8]

A pesquisa de Meaney contribui muito para entender como distúrbios no vínculo materno podem se espalhar intergeracionalmente entre mães e suas filhas. Ela descobriu que a separação materna precoce prejudicou, nas filhotes fêmeas, a capacidade futura de cuidar das próprias filhas. Filhotes de mães que lambiam mais e amamentavam mais não apenas mostraram uma capacidade significativamente maior de lidar com o estresse, mas também cuidavam de seus próprios bebês da mesma forma. As conclusões de Meaney explicam por que mulheres que se sentem seguras em relação ao amor materno têm maior probabilidade de ter bebês seguros, além de desfrutar de amizades e relacionamentos românticos estáveis ao longo da vida.

Pesquisas sobre os efeitos da institucionalização em crianças pequenas oferecem evidências contundentes da importância de relações estáveis e acolhedoras entre cuidador e criança para a saúde, o desenvolvimento cognitivo e o desenvolvimento social na primeira infância. Crianças pequenas em cuidados coletivos frequentemente não prosperam; elas tendem a ser doentes, exigem muita atenção e têm dificuldade em estabelecer relacionamentos normais com outros colegas.[9]

Estudos mostraram que o toque afetuoso pode ser tão necessário quanto o alimento para a sobrevivência dos bebês. Muitos de vocês provavelmente estão familiarizados com o famoso trabalho de Harry Harlow com macacos rhesus.[10] Harlow retirou os filhotes de macaco de suas mães e os dividiu em dois grupos: um grupo recebeu uma mãe substituta de arame com um frasco de leite. O outro grupo recebeu uma mãe substituta coberta com pano macio e também com um frasco de leite. Os filhotes passaram mais tempo com a mãe de pano, quer estivessem sendo alimentados ou não. Harlow tentou retirar o frasco de leite da mãe de pano para ver se os bebês prefeririam a mãe de arame, que ainda lhes oferecia leite, mas, após a alimentação, os bebês retornaram à mãe substituta de pano. O estudo de Harlow também revelou que os filhotes dependiam das mães de pano para conforto. Quando "ela" estava presente, os filhotes ficavam curiosos e contentes. Já quando era retirada, os filhotes ficavam paralisados, se encolhendo e chupando os polegares.

Influências epigenéticas

A dra. Rachel Yehuda, diretora de estudos sobre estresse traumático no Hospital Mount Sinai, em Nova York, descobriu que filhos de sobreviventes do Holocausto compartilham sintomas de estresse pós-traumático com seus pais e avós.[11] Yehuda também constatou que bebês nascidos de mães que desenvolveram Transtorno de Estresse Pós-Traumático (TEPT) após os ataques ao World Trade Center apresentavam sintomas de estresse tóxico, como sensibilidade a ruídos altos e a pessoas desconhecidas.[12] Como grande parte da transmissão epigenética ocorre pela linhagem materna, essa pesquisa nos ajuda a entender como as emoções de uma mãe podem afetar seus filhos. Segundo Bruce Lipton, pesquisador e acadêmico da Stanford Medical School, "as emoções da mãe, como medo, raiva, amor e esperança, entre outras, podem alterar bioquimicamente a expressão genética da prole."[13]

A pesquisa de Lipton e Yehuda tem amplas implicações para a compreensão da Fome de Mãe. Mesmo que sua mãe desejasse muito ser capaz de cuidar, proteger e guiar você, as ansiedades não resolvidas ou esperanças frustradas dela podem ter deixado uma marca na sua alma. Você pode estar carregando tristeza ou raiva que começaram com sua mãe ou sua avó. "Quando sua avó estava grávida de cinco meses de sua mãe, a célula precursora do óvulo do qual você se desenvolveu já estava presente nos ovários de sua mãe. Isso significa que, antes mesmo da mãe nascer, sua mãe, sua avó e os primeiros traços de você estavam todos no mesmo corpo.".[14]

A *epigenética* refere-se a uma modificação na expressão dos genes, em vez de uma alteração no código genético propriamente dito.[15] Cultura, alimentação e estilo de vida podem influenciar a expressão genética. Essas alterações nos genes são transmitidas de mãe para filha e para neta, adaptando-se ao ambiente. Como sua mãe biológica foi seu primeiro ambiente, se ela estava estressada, ambivalente, sobrecarregada ou carregando traumas não resolvidos, você pode ter herdado sentimentos de ansiedade e apreensão antes mesmo de a vida lhe ensinar a senti-los.[16]

Parentalidade noturna

As mães anseiam por seus bebês por um motivo: a proximidade garante a melhor chance de sobrevivência da criança. Esse é o nosso cérebro e corpo mamífero em ação. Bebês que não passam tempo suficiente com seu cuidador principal ficam vulneráveis. Nas palavras diretas de Erica Komisar: "Nossa negação do papel físico e emocional muito específico e especial de uma mãe e seu filho, especialmente em nossa tentativa de ser modernos, não é do interesse das crianças e de suas necessidades."[17]

As mães são bombardeadas com conselhos equivocados sobre as necessidades de bebês e crianças pequenas, especialmente em relação ao sono. Para um bebê ou uma criança pequena, adormecer é um momento de separação e deve ser entendido dessa forma. Os bebês não mudaram desde os tempos em que éramos caçadores e coletores, mas, de alguma forma, o mundo moderno espera que eles durmam sozinhos no berço por longas horas. Apenas recentemente a ciência que apoia a proximidade entre mãe e bebê durante o sono tem ganhado reconhecimento.[18] Estamos aprendendo, ou reaprendendo, sobre o sono infantil e como é normal que os bebês acordem com frequência. Eles são biologicamente projetados para sentir a proximidade do corpo da mãe a fim de se acalmarem e evitarem a liberação desnecessária de hormônios que o corpo produz ao perceber perigo. Bebês amamentados se beneficiam de mamadas frequentes durante a noite, por isso, quanto mais próximos estiverem da mãe, mais fácil será para ambos.

Para um bebê, a separação do corpo da mãe significa perigo. Muitos pais não percebem o quanto nas horas de separação para o recém-nascido pode ser prejudicial.[19] Erica Komisar explica em detalhes os benefícios de mãe e filho dormirem próximos um do outro (no mesmo quarto ou na mesma cama, dentro do alcance sensorial um do outro) por até seis meses ou um ano. Komisar afirma que a segurança noturna é ainda mais importante do que a segurança diurna, especialmente quando a mãe esteve ausente ao longo do dia.[20]

Em seu livro *Nighttime Parenting*, o dr. William Sears explica como e por que os bebês dormem de forma diferente dos adultos. Os pequenos são biologicamente programados para a sobrevivência, por isso acordam facilmente para se autorregular com a mãe. Sears afirma que os bebês que acordam sozinhos se sentem assustados ao procurá-la. O aumento da adrenalina e da frequência cardíaca leva ao choro e à dificuldade de voltar a dormir. Ele também explica que bebês que dormem junto com os pais raramente choram durante a noite e apresentam menos ansiedade noturna. Quando adultos, esses indivíduos tendem a ter menos distúrbios do sono do que aqueles que dormiam sozinhos na infância.

Com exceção de crianças cujos cuidadores abusam do álcool e da nicotina, os bebês desenvolvem uma fisiologia mais robusta por meio da proximidade com os pais durante a noite. Por exemplo, como os recém-nascidos não conseguem regular sua própria temperatura corporal, os bebês que dormem junto com os pais apresentam temperaturas mais estáveis. Além disso, o dióxido de carbono exalado pelos pais estimula os padrões respiratórios do bebê, e os bebês que dormem próximos à mãe têm menos pausas na respiração em comparação com aqueles que dormem sozinhos. Tanto o dr. James McKenna, pesquisador do sono infantil na Universidade de Notre Dame e autor de *Safe Infant Sleep*, quanto o dr. Sears destacam a baixa incidência da síndrome da morte súbita infantil em países onde o compartilhamento da cama é uma prática comum.[21]

O dr. McKenna aponta para 45 a 60 milhões de anos de evolução dos primatas e sugere que as atuais "práticas de cuidado infantil euro-americanas, e a capacidade dos bebês de se adaptarem a essas práticas... indicam que estamos levando a adaptabilidade dos bebês (e, de fato, das mães) ao extremo, com consequências prejudiciais para a sobrevivência a curto prazo e a saúde a longo prazo."[22] O dr. McKenna explica que as autoridades que criticam compartilhar a cama com o filho recém-nascido baseiam-se em casos de pais que lidam irresponsavelmente com o cuidado noturno de seus bebês. Isso seria como dizer que, porque algumas pessoas não sabem administrar o cartão de crédito, ninguém deveria ter um. Em sua opinião, pais comprometidos e cuidadosos são ignorados quando as recomendações sobre o sono infantil são feitas. As diretrizes do dr. McKenna indicam que o compartilhamento do quarto pode ser uma forma segura e simples de sono compartilhado, pois o cuidador principal e o bebê permanecem dentro do alcance sensorial um do outro.[23] Ele afirma: "Na minha opinião, essa forma de sono compartilhado é segura para todas as famílias e deveria ser considerada o arranjo padrão, especialmente para bebês que não são amamentados."[24]

Claramente, as condições físicas e sociais que envolvem os bebês e seus cuidadores determinam o quanto o compartilhamento da cama pode ser arriscado ou benéfico, assim como o tipo de sono compartilhado a ser experimentado (ênfase em *experimentado*, pois descobrir como todos podem ter uma boa noite de sono é um processo que exige criatividade e tentativa). Muitos especialistas concordam que compartilhar o espaço de sono favorece o vínculo entre pais e filhos, o que pode explicar por que o dr. Sears constatou que os pais que adotam a parentalidade noturna criam crianças com maior autoestima, menos ansiedade, mais facilidade em demonstrar afeto e maior independência.

Nascimento

O parto é uma experiência profunda para a mulher, abrindo um portal psíquico para partes mais profundas de si mesma. Se suas primeiras experiências com sua mãe biológica foram positivas, sentimentos de alegria podem inundar seu corpo e cérebro ao dar à luz. Ela está psicologicamente e biologicamente preparada para o vínculo com o bebê.

O oposto pode acontecer com uma mulher que teve cuidados iniciais inadequados ou prejudiciais. Quando uma mulher dá à luz, a amígdala, área do cérebro responsável por regular a resposta ao medo e ao estresse, naturalmente se ativa. Ela entra em ação e permanece ativa para manter a mãe atenta às necessidades do bebê. Para mulheres com Fome de Mãe não tratada, que já estão excessivamente alertas, essa ativação aumentada da amígdala pode desencadear uma cascata de pânico nos primeiros meses de vínculo, comprometendo gravemente a saúde mental materna. Vulneráveis e emocionalmente expostas, essas mulheres tendem a sentir uma intensificação da solidão, do desespero e do tédio nos primeiros dias com o recém-nascido. Emoções sombrias e hipervigilância interferem no vínculo e revelam a história dos primeiros momentos de vida da própria mãe.

O próprio parto também pode ser traumático para mães e bebês. Nos hospitais, o cuidado pode ser interrompido por uma emergência médica que exige separação precoce entre eles. As dificuldades na amamentação são comuns quando isso acontece, o que acrescenta mais estresse a um momento já vulnerável. Uma exploração detalhada do trauma do parto vai além do escopo de nossa conversa, mas vale ressaltar que o sofrimento pós-parto se intensifica quando o parto e o nascimento são traumáticos.

Além disso, o sofrimento pós-parto pode se agravar quando uma mãe novata está distante de sua própria mãe ou tem uma mãe que não a apoia ou já faleceu. Nesses casos, a fonte mais importante de conforto durante esse rito de passagem é perdida. Na minha opinião, a Fome de Mãe não identificada e não tratada pode ser uma das principais causas de depressão e ansiedade pós-parto.

Separação

Durante os três meses após a gravidez, as mães experimentam emoções intensas que acompanham a lactação, a recuperação do parto e todas as mudanças da maternidade. Um dos melhores remédios para a ansiedade e o sofrimento materno nesse período é a proximidade física com o bebê. O contato pele a pele aumenta os hormônios que acalmam e regulam tanto a mãe quanto o bebê, amenizando a ansiedade e o estresse. Mães separadas de seus bebês perdem o contato crítico da pele, responsável por aumentar a produção de leite e promover o relaxamento.

Cuidados e apoio extras são essenciais tanto para os bebês quanto para as mães nesse período, para que possam passar o máximo de tempo possível juntos. As necessidades conflitantes de outros filhos, pressões financeiras, horários de trabalho, emergências médicas e parceiros que não apoiam podem exigir separações excessivas entre mãe e recém-nascido, interferindo no vínculo inicial e nas necessidades contínuas de apego, além de criar consequências físicas e psicológicas ao longo da vida para ambos.

O que constitui separação excessiva? Erica Komisar tem insights interessantes sobre as separações entre mãe e bebê:

> Os momentos mais dolorosos para crianças pequenas são as idas e vindas da mãe. Os bebês precisam de segurança, consistência e previsibilidade da mãe, especialmente durante os períodos de transição, como ao acordar; ao ir dormir e ao acordar de um cochilo; ao ir e voltar da creche ou pré-escola; e ao mudar de brincadeira para hora do banho, de hora do banho para hora do jantar e de hora do jantar para hora de dormir.[25]

A cultura dominante atribui maior valor ao trabalho fora de casa do que à maternidade, deixando as mulheres divididas quando se trata de como equilibrar ambas as coisas. Não é incomum que as mães se sintam confusas sobre as prioridades, como administrar o tempo longe dos filhos e até mesmo como fazer seus filhos se sentirem orgulhosos. Isso é completamente compreensível, mas é importante manter os primeiros anos de vida fora desse pensamento. Os pequenos só querem a presença materna. Eles não se importam com o currículo da mãe.

Pode-se dizer, com segurança, que separações que regularmente causam sofrimento ao bebê são problemáticas. Nada prepara um bebê para o isolamento do berço quando ele está acostumado ao som do batimento cardíaco da mãe. Os bebês não entendem que a mãe precisa ir em uma viagem de negócios ou que ela prometeu uma noite romântica com o pai. Quando um bebê é separado de sua mãe por tempo demais, a menos que haja um cuidador carinhoso e familiar para assumir seu lugar, o cérebro primitivo registra isso como uma ameaça. E o cérebro do bebê aprende a partir de como sente. Um bebê sem a mãe pode sentir uma perda ameaçadora que ativa seu sistema nervoso ao liberar adrenalina. Choramingar, tremer e gritar são sinais de um bebê em sofrimento com adrenalina demais no corpo; esse é um bebê em um estado de luta ou fuga. Os hormônios de luta ou fuga não foram feitos para bebês. Mas separações prolongadas dos braços familiares irão desencadear esses poderosos neuroquímicos.

É um absurdo na medicina que alguns especialistas alertem os pais de que bebês que choram estão sendo manipulativos. Ignorância como essa pode explicar o grande número de adultos com apego inseguro. "A forma mais natural de acalmar o nosso sofrimento é ser tocado, abraçado, embalado. Isso nos faz sentir inteiros, seguros, protegidos e no controle."[26] Incentivar os pais a deixar bebês e crianças sozinhos para se acalmarem vai contra o design da natureza. Fomos criados para a conexão. O auto-consolo é uma habilidade avançada que surge mais tarde e flui naturalmente após o vínculo estar seguro. Quando mães e cuidadores abraçam o poder do cuidado e o tempo essencial dos primeiros anos, sua presença emocional e física constrói um apego seguro e preenche o espaço onde a Fome de Mãe pode crescer.

Pedindo o cuidado

Você pode começar a curar a privação de toque sempre que estiver pronta. Imagine a maneira como você gostaria que sua mãe tivesse te tocado quando era criança. Ela faria carinho no seu cabelo? Talvez coçasse suas costas? Talvez você tenha desejado que ela sentasse quieta perto dos seus pés ou ao seu lado. Você pode praticar o toque caloroso em si mesma para acalmar e recuperar o cuidado materno perdido.

Eu acho o Reiki útil para começar, especialmente quando você não tem certeza de como fazer algo assim. Se o seu próprio toque for excessivamente estimulante, tente movimentos suaves com um massageador de couro cabeludo leve ou uma escova seca até se sentir mais confortável com o autocuidado regular.

Aqui está uma prática de Reiki para tentar à noite, quando você se deitar ou quando tiver tempo e espaço que pareçam seguros.

Para começar, sente-se ou deite-se e esfregue as mãos uma na outra até sentir o calor que vem da energia dentro de você. Espere por uma sensação de formigamento.

Quando a sentir, coloque ambas as mãos no topo da sua cabeça, levemente pairando ou tocando o crânio. Fique lá enquanto o formigamento cai como chuva sobre sua cabeça. Aproveite a sensação. Perceba o calor no topo da sua cabeça.

Quando o calor nas suas mãos esfriar, esfregue-as novamente e posicione as palmas sobre os seus olhos fechados. Com as mãos levemente tocando uma à outra, coloque uma mão sobre cada olho. Sinta o calor. Está mais forte do que no topo da sua cabeça ou menos intenso? Quando a energia esfriar, mova-se para a área do pescoço e da garganta. Perceba como seu pescoço reage ao calor das suas mãos. Observe: que tipo de emoção você sente?

Pode parecer estranho não saber exatamente onde colocar as mãos. Não se preocupe... isso é uma prática; não precisa ser perfeito. Se você é uma aprendiz visual, há um diagrama útil publicado pela Clínica Cleveland que ilustra a sequência das posições de Reiki.

Você pode continuar descendo pela sua coluna, colocando as mãos sobre o abdômen e depois a pelve, percebendo as emoções que vêm de cada chakra enquanto você presta atenção em si mesma. Talvez você queira chorar. Talvez se sinta calma. Pode ser que adormeça antes de terminar. Perceba se você se irrita ou fica entediada com esse exercício. Colete informações. Continue tentando o toque em si mesma em pequenas doses sempre que puder. Com o tempo e prática, você pode mudar a resposta do seu corpo ao toque e reduzir os desejos por substitutos prejudiciais.

4: CONFORTO SUBSTITUTIVO

O que acontece quando o cuidado materno não está disponível ou é comprometido? A falta de cuidado materno exige um substituto, alguém que possa assumir como o cuidador principal. Quando um cuidador alternativo sensível e confiável está disponível, como um parceiro, uma babá em tempo integral, um avô ou avó, bebês e crianças pequenas podem se beneficiar de segurança relacional, mesmo quando suas mães não estão disponíveis. Mas se um adulto que possa atender às necessidades de cuidado e proteção não estiver disponível, pequenos resilientes devem lidar com as mudanças angustiantes que vêm com a vida fora do útero sozinhos. Eles encontram outras maneiras de se sentir seguros, mesmo quando não estão. Eles se acalmam sozinhos, encontram substitutos para o amor materno ausente. Nas palavras de Tara Brach, professora de meditação, autora e psicóloga: "Quando temos necessidades não atendidas, estamos programados para atendê-las de outra maneira."[1] Na maioria das vezes, as adaptações de personalidade e comportamento que preenchem a falta de cuidado materno acontecem tão cedo que ninguém percebe. Levando uma vida agitada, pais bem-intencionados podem perder os sinais de que seus bebês estão aprendendo a desconfiar da conexão humana.

O que é um "bom" bebê?

Bebês que não choram ou ficam irritados frequentemente são chamados de "bons" bebês. "Bons" bebês dormem a noite inteira e não incomodam seus cuidadores. Fico triste quando ouço os pais falarem dessa forma. Os padrões de sono não têm nada a ver com ser um "bom" ou "mau" bebê. O choro dos bebês não é sinal de um caráter ruim. A biologia impulsiona o choro para aproximar um cuidador — bebês choram porque essa é a forma como se comunicam. A comunicação é central para o vínculo, e o vínculo é essencial para a sobrevivência.

Embora alguns bebês nasçam com um temperamento tranquilo e calmo, a ideia de que um "bom" bebê é um bebê quieto é equivocada e cruel. Esperar que um bebê durma a noite inteira sem precisar da mãe é um mal-entendido sobre o desenvolvimento infantil e a responsividade dos pais. Embora muitos recém-nascidos durmam bastante entre as primeiras quatro e seis semanas de vida, a maioria vai se agitar e chorar mais à medida que se adaptam à vida fora do útero e precisam de mais apoio para adormecer. Bebês não são feitos para dormir como adultos. É natural que acordem com frequência para se alimentar ou se confortar. Sem qualquer treinamento, bebês adormecem quando estão cansados. O sono, assim como a fome, é algo natural.

Quando um bebê está com fome ou se sentindo sozinho, ele chora. Enquanto chora, ele experimenta um aumento rápido da frequência cardíaca e a liberação de adrenalina.[2] A adrenalina, ou epinefrina, ajuda a iniciar a resposta de luta ou fuga da natureza. Em adultos, isso se manifesta como dirigir até um restaurante, procurar comida na geladeira ou ligar para um amigo para conversar. Em bebês, isso se manifesta como choro.[3] A natureza nos impulsiona para a ação com poderosos neuroquímicos. Uma mãe responsiva traz alívio antes que o bebê fique muito agitado. Se não, os esforços de protesto do bebê aumentam. Ele começa a chorar mais alto. Isso é a biologia em ação, não um bebê teimoso.

Bebês que não recebem cuidados sensíveis e responsivos podem eventualmente parar de chorar quando precisam de algo. O choro constante é muito difícil para um corpo pequeno e vulnerável. A cessação do choro é um exemplo de adaptação a um cuidado comprometido. Assim, é possível que um bebê quieto seja um bebê resignado. Bebês que experimentam uma falta rotineira de responsividade — como no caso do treinamento de sono que separa o bebê de sua mãe ou usa o método "deixe chorar" — eventualmente param de chorar. O treinamento de sono pode, certamente, ensinar um bebê a ficar quieto, mas não tem nada a ver com apego — ou cuidado. Cuidado, a necessidade humana mais primitiva para um desenvolvimento saudável, exige um comprometimento responsivo e sensível, para que a conexão humana pareça natural e o desenvolvimento seja ideal. Cuidado e treinamento de sono não são compatíveis. Isolar um bebê para fazê-lo dormir é o oposto de cuidar.

Especialistas em treinamento de sono argumentam que os bebês podem se acalmar sozinhos, mas demonstram profunda falta de precisão neurobiológica. Essa é uma informação prejudicial para os novos pais que estão tentando fazer a coisa certa para seus pequenos. Bebês não conseguem se acalmar sozinhos. O autoacalmar é uma função sofisticada que se desenvolve muito mais tarde na vida. Na verdade, a maioria dos adultos não consegue se acalmar sozinho. E por que adultos que preferem dormir com um parceiro esperam que um bebê durma sozinho?

Qualquer coisa que se assemelhe ao autoacalmar, como chupar o dedo, é puramente *autorregulação*, um termo científico para lidar com o isolamento. O autoacalmar, ou autorregulação, é o que fazemos em um momento de necessidade. Não é projetado para ser um substituto para um relacionamento. E os treinadores de sono também não orientam os pais sobre como parar os comportamentos de autorregulação de seus pequenos de maneira gentil e respeitosa quando for o momento. Os especialistas não alertam os pais que será necessário aumentar os esforços de cuidado quando retirarem o objeto de autorregulação ou tentarem interromper o comportamento de autorregulação.

Eu tenho vários exemplos dolorosos de mulheres adultas que lembram como foram envergonhadas por chupar o dedo quando chegou o momento de frequentar a escola. Aprendi que é muito comum para as mulheres manterem seu primeiro cobertor ou bichinho de pelúcia — quando conseguem. Muitas vezes, os pais escondem ou jogam fora esses primeiros substitutos do apego na tentativa de tornar a criança mais independente, o que é simplesmente equivocado e de partir o coração, e deixa uma marca profunda de desconfiança. Incontáveis vezes, ouço mulheres compartilhando a história de que ouviram de suas mães ou pais: "Eu não sei o que aconteceu com seu ursinho" (ou cobertor ou boneca). Mas elas sentiram que era mentira. A dor e a raiva ainda fervem, muito vivas, décadas depois, enquanto compartilham a memória da perda.

Esperar que um bebê se acalme sozinho pode ter mais a ver com a necessidade dos pais de uma pausa ou com as expectativas culturais para os pais americanos do que com o bem-estar da criança. Isso é compreensível. Cuidar de um bebê é desafiador, frustrante e difícil, então, embora fazer um atalho pareça sensato, isso pode acabar tendo efeitos negativos. Isolar um bebê para treiná-lo a dormir coloca uma pressão imensa no sistema nervoso em desenvolvimento, que precisa de conexão humana para se acalmar. Muito "autoacalmar" cria uma necessidade de outros substitutos autorreguladores (açúcar, álcool, fantasia, sexo) à medida que a criança cresce, porque ela está aprendendo que precisa atender às próprias necessidades, em vez de descansar no conforto de seu cuidador.

Quando a separação acontece com muita frequência e por períodos prolongados, o corpo do bebê entende que as coisas estão realmente ruins, e a resposta de congelamento, projetada para amortecer a dor e o medo, entra em ação. A resposta de congelamento é um passo a menos no tronco cerebral em relação aos esforços de protesto, como chorar ou gritar. Quando esse sistema inferior é ativado, o bebê fica quieto e sonolento, a respiração diminui, o corpo pode cair e a criança pode parecer visivelmente resignada. Uma resposta de congelamento pode parecer um bebê "bom", mas, na verdade, é um bebê aprendendo a desistir. Ele está aprendendo que suas necessidades não serão atendidas, que a conexão humana não pode ser confiada. Essa lição dolorosa não se desdobrará bem à medida que ela amadurece.

A Fome de Mãe começa

Quando somos bebês indefesos, as dores da fome nos impulsionam em direção à nossa mãe — ela é o nosso alívio. Totalmente dependentes de seus cuidados, "falamos" com ela usando todo o nosso corpo: nos contorcendo, resmungando ou chorando. Essa é a forma natural de trazer a mãe para perto. Quando ela responde com leite e calor, tudo fica bem. O leite e a mãe trazem prazer, e aprendemos que uma barriga cheia, o toque materno, sua voz e seu cheiro são a mesma coisa. É assim que a conexão humana se associa ao prazer, fazendo com que desejemos mais dela. A fome e o vínculo estão biologicamente entrelaçados de forma inseparável.

Categoricamente, mulheres com Fome de Mãe enfrentam dificuldades tanto com a comida quanto com os relacionamentos. Nunca vi um problema existir sem o outro. A única questão é qual dói mais. Desde as primeiras experiências de cuidado, comida e amor se entrelaçam na memória implícita. Pense na última vez em que você sentiu muita fome. Como foi essa sensação? Por quanto tempo conseguiu suportar a dor da fome antes de comer algo? A fome dói. A dor surge do nada, de um lugar profundo dentro de você, um lugar que não se vê, e as dores da fome captam sua atenção. A adrenalina impulsiona você à ação, levando a buscar comida.

Se o seu choro de fome foi frequentemente ignorado durante a infância ou nos primeiros anos de vida, se sua mãe não sentia prazer em alimentá-la ou se aqueles que a alimentavam não sabiam realmente como fazê-lo, o prazer do vínculo foi comprometido. A satisfação e o prazer podem estar associados, para você, à sensação física de estar saciada, mas não ao contato humano. A comida traz alívio para a dor, mas um relacionamento, não. É assim que nos apaixonamos pela comida.

Cuidados inadequados

Josie foi colocada no quarto da irmã mais velha logo após nascer. Sua irmã tinha apenas 10 anos, mas era sua responsabilidade preparar a mamadeira, aquecer os frascos e alimentá-la durante a noite. Embora uma irmã mais velha possa achar isso divertido por uma ou duas noites, uma criança de 10 anos ainda precisa dormir. Uma menina dessa idade não pode substituir uma mãe.

"Você sabe por que essa era a responsabilidade da sua irmã?", perguntei a Josie.

Ela não tinha certeza. "Eu fui a última de seis filhos, então talvez minha mãe e meu pai não me quisessem."

Aí está — a crença implícita que uma criança desenvolve quando os cuidados maternos são inadequados: *Eu não sou desejada*. Essa crença se torna parte do seu mapa interno e inconsciente do amor, que guiará sua vida e sua autoimagem.

No livro transformador de Geneen Roth, *When Food is Love*, ela afirma que "muitos de nós temos usado a comida para substituir o amor por tantos anos que não reconheceríamos o amor nem se ele nos derrubasse."[4] Roth estabelece a poderosa conexão entre comida e amor, que é intrínseca à Fome de Mãe. Essa conexão é tão forte, não porque a comida seja realmente amor, mas porque é nossa primeira *experiência* de amor. Quando os cuidados maternos são comprometidos, a comida proporciona a primeira sensação real de conforto. A comida resgata um coração faminto. Talvez isso explique por que, para muitos de nós, comer vai muito além de uma simples resposta à fome. Comemos quando estamos sozinhos, estressados ou com medo. Comemos quando estamos entediados, cansados ou envergonhados. Os rituais alimentares são janelas para a alma. Se quiser se conhecer mais profundamente, observe como e quando você come.

Mulheres com Fome de Mãe têm uma relação conflituosa com a alimentação, pois a privação materna exigiu um conforto substituto. Algumas evitam refeições e restringem calorias para se sentirem fortes, visíveis ou seguras. Passar fome é uma das formas mais básicas de compensar a sensação de impotência. Outras tendem a exagerar, seguindo a voz interior que promete que uma pizza tornará tudo melhor. Comer em excesso ou em restrição são formas eficazes de mascarar o sofrimento interno e anestesiar o vazio deixado pela falta de cuidados maternos.

A alimentação como uma linguagem

A fome é uma experiência humana; as dores da fome também. Mulheres que cresceram sem cuidados maternos sentem fome tanto de amor quanto de comida e, muitas vezes, confundem os dois. Na verdade, a solidão desencadeia desejos no cérebro semelhantes à fome física.[5] Vejo os hábitos alimentares disfuncionais como sinais de um desespero sem palavras. Os padrões alimentares contam a história do apego na infância, por isso presto atenção a eles.

Staci Sprout, terapeuta e autora de *Naked in Public*, descreve de forma bonita como encontrou um substituto para os cuidados maternos ausentes: "A comida tornou-se o meu conforto, o meu prazer e o meu substituto para o afeto e o toque. Toque por dentro, um toque que eu podia controlar."[6] As palavras de Staci refletem a forma como a comida se torna um relacionamento primário, substituindo os cuidados maternos. Da mesma forma, na poderosa autobiografia *Fome*, Roxane Gay discute a conexão entre comida e amor. Ela compartilha como visitar sua família desperta intensos desejos por comida: "Eu sou muito mais do que apenas faminta quando estou em casa. Eu estou morrendo de fome. Eu sou um animal. Eu estou desesperada para ser alimentada."[7] Para tantas mulheres com quem trabalho, voltar para casa desperta desejo, raiva e fome. É como se estar perto da mãe novamente lembrasse o corpo da rejeição e do anseio. Gay diz: "Eu começo a desejar alimentos, qualquer alimento. Tenho impulsos incontroláveis de comer em excesso, de satisfazer a dor crescente, de preencher o vazio de me sentir sozinha entre pessoas que deveriam me amar."[8]

Ato de fuga

Nadine costumava sentir muito medo quando era pequena. Cresceu em uma casa com dois pais e um irmão mais velho. O pai estava sempre com raiva. O irmão era um valentão, e a mãe estava muito distraída para prestar atenção. Nadine lembra das refeições como momentos particularmente dolorosos. Ela se lembra do pai criticando a mãe e a comida dela. À mesa, ele preferia o silêncio. Se alguém falasse, sua raiva se tornava agressiva. O irmão de Nadine geralmente provocava uma briga, e sua mãe frequentemente se levantava da mesa aos prantos. Nadine só desejava que todos ficassem em silêncio, para que o pai não ficasse bravo com o irmão ou fizesse a mãe chorar. Para lidar com o sofrimento, ela se concentrava em seu prato. Mantinha os olhos na comida.

Quando pedi que lembrasse como era o sabor da comida, ela disse: "Eu gostava. Se eu me esforçasse o suficiente, quase conseguia esquecer que tinham outras pessoas ali." Nadine era uma menina cheia de recursos — ela encontrou uma maneira de aliviar seu medo. Focar na comida acalmava seu sistema nervoso. Mas, com o tempo, essa prática se tornou algo quase automático. Em essência, Nadine aprendeu a se isolar em uma espécie de transe alimentar — uma zona onde nada mais existia, exceto a comida em seu prato.

A estratégia de Nadine para regular o medo a acompanhou na vida adulta. Agora, como mãe, ela ainda prefere comer sozinha. Prepara sua comida e a leva para o seu quarto. Seus filhos comem sozinhos em seus quartos, com computadores e celulares como companhia, e o marido faz o mesmo. A comida e a tecnologia substituem a conexão humana nesta família, imitando o isolamento da casa original de Nadine.

A comida é uma maneira poderosamente eficaz de regular as emoções quando a conexão humana não consegue. Na minha experiência, ajudar mulheres a reorganizar o vínculo primitivo com a comida, que funciona como substituto do cuidado materno precoce, exige imenso respeito e tempo. Isso faz sentido se entendermos que comer em excesso e comer em restrição estão, de fato, relacionados à resposta de luta ou fuga — uma forma de escapar da dor. Incapazes de deixar a mesa da família, ou flagras com um estoque secreto de doces, algumas meninas descobrem muito jovens que a comida oferece uma fuga virtual dos sentimentos intoleráveis. Planos alimentares geralmente não funcionam porque as regras são vistas como privação e acionam gatilhos da perda primária.

Sabemos que comida e cuidado estão conectados. Quando um amigo está doente, oferecemos comida. Para celebrar um feriado ou uma conquista, compartilhamos uma refeição. Mas a falta de cuidados maternos precoces distorce a conexão entre comida e vínculo, levando ao que Alexandra Katehakis chama de "estratégia de conforto sem contato".[9] O conforto sem contato, ou autoacalmar, é o que os bebês aprendem quando há muita privação materna. É por isso que o treinamento do sono é tão arriscado e pode ser uma armadilha para o crescimento da Fome de Mãe. À medida que a criança cresce, a comida substitui o ato de chupar o dedo ou roer as unhas.

Transe alimentar

A alimentação disfuncional se torna um hábito não relacional que preenche a falta de cuidados maternos adequados. Restringir ou exagerar na alimentação tem a ver com o anseio: o anseio de ser valorizado e se sentir seguro. Ambos os hábitos alimentares são formas de resposta de luta ou fuga. Sem uma sensação de segurança e pertencimento, o medo está sempre presente, por isso, comer pouco ou em excesso são maneiras de anestesiar o medo quando não há para onde ir. Quando a comida substitui o cuidado materno, o desenvolvimento pessoal pode parar. Por trás da urgência de comer ou passar fome, há uma criança esperando por amor e proteção.

Como adultas bem treinadas, mulheres que têm o hábito de comer ou restringir a comida o fazem em um leve transe, sem qualquer consciência de que o medo da infância alimenta o vínculo com a comida. Padrões alimentares disfuncionais podem continuar como se pertencessem a outra pessoa. Veja como uma cliente, Debbie, viveu isso: "No meio da noite, uma parte diferente de mim sai. Ela rasteja até a cozinha, se entope com qualquer coisa que encontrar e volta para a cama. De manhã, me sinto mal e inchada, e às vezes não consigo me lembrar do motivo... até ir até a cozinha e ver a bagunça." Para Debbie, comer de madrugada acontece como se ela estivesse em transe. Atualmente separada de seu marido com quem foi casada por 32 anos, ela está morando sozinha pela primeira vez. À noite, medos não curados da infância a acordam com pesadelos, suor e tremores. Juntas, estamos explorando como isso acontece.

Debbie cresceu com uma mãe carente, que podia ser muito fria e crítica. Debbie fez tudo o que pôde para agradá-la, mas nunca parecia ser o suficiente. Em um momento, ela era a melhor amiga da mãe, e no seguinte, de alguma forma, a fazia ficar brava. Nunca soube por quê, mas lembra-se da tortura do silêncio punitivo e gélido da mãe, que parecia durar dias. Quando era pequena, Debbie passava horas sozinha em seu quarto, escondida debaixo das cobertas, esperando ser perdoada por qualquer coisa que tivesse feito de errado. E comia. Guardava um estoque secreto de bolachas, chocolates e balas em seu armário, atrás de um sobretudo, onde ninguém nunca olhava. Era sua própria farmácia.

Agora, aos 54 anos, Debbie sente a mesma desesperança que experimentou quando era uma garotinha. Seu casamento acabou, tem poucos amigos e se preocupa constantemente com os filhos e netos. Mas ela me explica que sua maior fonte de dor é o relacionamento com a comida e o quanto odeia seu corpo. "Eu nunca serei feliz até perder peso. É a única coisa que realmente importa. Eu penso nisso o dia todo, todos os dias." A guerra interna de Debbie faz sentido para mim. É mais fácil lutar contra a comida do que enfrentar a Fome de Mãe.

Como muitas mulheres adultas, Debbie construiu sua vida para agradar à mãe. Foi para a escola que a mãe escolheu, casou-se com o homem que a mãe queria e permaneceu na cidade natal de sua mãe. Quando Debbie teve os próprios filhos, ela os educou para que se comportassem de maneira que fizesse sua mãe, a avó das crianças, se sentir orgulhosa. E ainda assim, sua mãe não estava satisfeita. Como uma filha obediente, Debbie nunca ficou com raiva da mãe. Em vez disso, ela comia.

O tratamento de Debbie comigo começou um ano depois da morte de sua mãe, o que é muito comum. Enfrentar esse trabalho às vezes é impossível com uma mãe viva. Atualmente, Debbie está lidando com a profundidade da tristeza e da raiva que sente sobre sua vida. Embora sua mãe não esteja mais viva, Debbie ainda se sente como uma menina má. Seu corpo inteiro reage como se ela estivesse traindo a mãe ao me contar sobre sua infância. Seu rosto fica vermelho; ela se contorce e desvia o olhar. Essas são reações normais que muitas mulheres experimentam quando se lembram da privação materna e começam a contar a verdade. Quando Debbie compartilha sobre alimentação e ódio do corpo, lembro das palavras de Geneen Roth: "Tratamos nosso corpo como se fosse o inimigo, como se a privação, punição e vergonha levassem à mudança."[10] A mudança que Debbie precisa não é realmente sobre comida. À medida que a Fome de Mãe se cura e sua ferida profunda é tratada, Debbie está naturalmente perdendo o peso que a fazia se sentir desconfortável com seu corpo. Ao enfrentar o luto, receber apoio e substituir o cuidado materno perdido, seu corpo está se tornando seu lar.

No final deste capítulo, há um questionário que torna a conexão entre cuidados, comida e amor mais concreta. O restante deste livro será mais significativo se você dedicar alguns minutos para escrever suas respostas. Se parecer muito difícil, confie nesse sentimento e espere até estar com um amigo de confiança ou seu terapeuta para fazer este exercício.

Cuidados por meio do toque

Bebês precisam do afeto materno como as plantas precisam de água: sem ele, murcham. Se a mãe não oferece cuidados, bebês e meninas com instinto de sobrevivência encontram outras formas de suprir essa necessidade primordial.

Menininhas são mísseis em busca de conforto e, se tiverem sorte, se aninham com segurança junto a irmãos, outras mães, pais, avós, bichos de pelúcia e animais de estimação — alguém ou algo quente e macio.

Quando pequena, a mãe de Caroline não a deixava dormir com um bichinho de pelúcia. “Eu odiava a hora de dormir. Era muito escuro e eu ficava com muito medo. Ela não me deixava ter uma luz noturna nem um bichinho de pelúcia porque dizia que isso me deixaria muito carente.” A mãe de Caroline, assim como muitos pais mal orientados, tinha medo de tornar a filha dependente demais. Mas forçar uma criança a ser independente é inútil, simplesmente não funciona. A independência surge de uma conexão materna segura e protegida. Caroline não teve isso. Ela se lembra da solidão de sua cama e do desejo de conforto. Ela chupava o dedo, passava a mão no travesseiro, fantasiava sobre ser resgatada.

Em *Being There*, Erica Komisar escreve sobre a importância dos objetos de transição: “Respeite as necessidades do seu filho por cobertores, bichinhos de pelúcia e/ou chupetas, que representam você e a segurança que você oferece durante sua ausência. Se seu filho naturalmente se apegar a um objeto de transição, será mais fácil para você se ausentar por curtos períodos de tempo.”[11]

Privação de toque

A falta de cuidados maternos leva à privação de toque. A privação de toque tem vida própria. Antes que meninas que carecem de cuidados maternos cresçam e tenham acesso a drogas e álcool para confortar o corpo que carece do toque, elas se tocam. Antes de passarem fome ou se empanturrarem ou vomitarem, elas tocam umas as outras. Antes de se cortarem, se queimarem ou se baterem, elas tentam atender às suas necessidades desesperadas com irmãos, animais de estimação ou qualquer coisa quente e macia.

Meninas sem afeto materno estão vulneráveis àqueles que podem tirar vantagem delas. Elas não reconhecem toques inapropriados, porque isso é melhor do que a falta de contato físico. Nesses casos, abusos sexuais na infância podem demorar décadas a serem descobertos. Envergonhadas, mulheres me contam histórias de como elas não se importavam de sentar no colo de algum tio ou tocar no pênis do avô. Mesmo que soubessem que algo estava errado, elas se esfregavam contra os irmãos e irmãs. Ou colchões, cadeiras e mesas. Como comida, o orgasmo alivia a fome emocional.

A mãe de Caroline a enviou para o acampamento de verão quando ela ainda era muito nova. "Eu odiava os insetos, o lago e a comida nojenta e gosmenta. Era um pesadelo." Caroline se lembra dos verões em que desejava refrigerante de uva e barras de *Snickers*. E toque. "Eu ficava observando as meninas que tinham cabelo longo e bonito e pareciam tão confiantes. Eu queria ser como elas. Para fazê-las gostar de mim, eu fazia qualquer coisa. Às vezes, nos escondíamos em uma cabana vazia. Nos beijávamos e nos tocávamos. Era incrível. Eu queria que nunca acabasse."

Eu ouço histórias assim frequentemente. Meninas jovens se enrolando no refúgio escuro de festas do pijama, explorando umas às outras em particular, buscando afeição antes que a luz do dia retorne e as leve de volta para a mãe fria e rejeitadora. Afeição erótica entre meninas geralmente tem pouco a ver com orientação sexual e frequentemente decorre da privação de toque. Somos criaturas engenhosas e, de uma forma ou de outra, à medida que crescemos e nos desenvolvemos, encontramos maneiras de atender às necessidades humanas essenciais.

Quase ninguém fala sobre meninas e masturbação, mas esse é um dos primeiros e mais fortes substitutos que as pequenas encontram para substituir o toque materno. A autoestimulação, assim como chupar o dedo, é uma forma engenhosa de regular o medo quando se está faminto por conforto.

Toque indesejado

Nem todo toque materno é agradável. Quando o toque da mãe é repulsivo (sexual) ou intrusivo (agressivo), é trágico. Para lidar com isso, as filhas desligam o desejo de proximidade humana. A resposta de desligamento não é uma decisão. É uma reação corporal à violação.

As mães banham, alimentam, vestem e despem suas filhas. Esses momentos íntimos ensinam à menininha sobre seu corpo e seu valor. Quando o toque materno é de algum modo desrespeitoso, ele deixa um impacto duradouro.

Em seu livro *A Mother's Touch*, Julie Brand conta que foi molestada pela mãe. Ela se recorda de sonecas e de como se sentia estranha com a mãe na cama, tocando seu corpo. Mas não havia força ou dor física. Quando trabalho com mulheres que compartilham experiências semelhantes, elas descrevem o toque de suas mães como repulsivo ou pesado, mas não o identificam como abuso, especialmente quando não causava dor, mas também porque o toque materno é "normal" ou familiar.

Quando as filhas experimentam um toque inadequado da mãe, a vergonha as mantém em silêncio. Como adultas, essas mulheres costumam se afastar da progenitora. Impulsionadas pelo dever, podem permanecer prestativas, leais e próximas, mas o alívio vem quando a mãe morre. O alívio não é o mesmo que a cura. Sem intervenção, essas mulheres podem, inconscientemente, repetir o toque materno com parceiros prejudiciais e com automutilação.

Quando as mulheres falam sobre abuso sexual, o agressor geralmente é um membro masculino da família. O livro inovador da dra. Christiane Northrup, *Women's Bodies, Women's Wisdom*, relacionou o abuso sexual de pai e filha com futuros vícios em sexo e amor. Nessa esteira, em *Women, Sex and Addiction*, a autora e terapeuta Charlotte Davis Kasl conectou o abuso sexual ao amor e ao sexo viciante. Assim como Northrup, Kasl aponta para os homens. "O papel dos pais no desenvolvimento do vício sexual feminino não pode ser subestimado. Meninas pequenas seguem os exemplos de seus pais. Elas querem que aquela energia especial — o brilho no olho do papai — seja direcionada a elas. A carência por um pai afetuoso e caloroso, que não sexualizou a relação, está profundamente marcada no coração da maioria das mulheres."[12]

Embora eu concorde com Kasl que uma garotinha quer se sentir especial para o pai, sua afirmação de que as meninas seguem os exemplos dados pelo pai reflete uma cegueira para a primazia do relacionamento mãe e filha. Se uma filha é cuidada, protegida e guiada pela mãe, ela fica menos vulnerável aos comportamentos prejudiciais do pai. E ela pode não precisar tanto do tempo ou incentivo dele. O amor dele é um bônus, mas ela já está estável com o amor da mãe. Kasl parece reconhecer isso mais adiante no livro, quando escreve sobre sua obsessão por um amante, Sam. "Eu sabia que minha atração por Sam havia reativado a parte de mim que ainda se sentia terrivelmente ferida pela minha mãe."[13] O processo de Kasl reflete o que eu vi acontecer repetidamente. Saber reconhecer a negligência ou o abuso materno não é algo que acontece nas primeiras fases da vida. É como se fôssemos protegidas de saber até estarmos realmente prontas para saber. Talvez seja mais fácil ficar brava com um pai por nossas dificuldades do que apontar para a mãe, porque nossa cultura nos permite identificar os homens como abusivos antes das mulheres. Ou talvez seja ainda mais primitivo do que isso. Psicologicamente, pode ser mais ameaçador perder a aprovação de uma mãe do que a de um pai. Com certeza, é uma mistura desses fatores complicados.

Intolerância à intimidade

Toque materno doloroso, vergonhoso ou inexistente pode levar à aversão ao toque em relacionamentos íntimos adultos. As mulheres falam sobre ter respostas automáticas a parceiros românticos que parecem vir do nada — como uma reação alérgica. Eu chamo essa reação involuntária de *intolerância à intimidade*. Quando alguém chega muito perto, a intolerância à intimidade faz você se sentir um pouco doente. A proximidade emocional deles parece repulsiva ou irritante. Em *Naked in Public*, Staci Sprout faz um trabalho notável ao descrever a intolerância à intimidade: "Eu geralmente odiava tocar em outras pessoas. Sempre que tentava, sentia uma sensação estranha de formigamento e um impulso urgente de puxar minha mão para longe." Para Staci, tocar alguém despertava uma sensação "quente e azeda" que encobria um "vazio constante, lancinante e escancarado de necessidade".[14]

Se o conceito de intolerância à intimidade ressoar para você, pode ser que sinta uma fome por um tipo específico de amor, mas se sinta confusa sobre o que a impede de tê-lo. Talvez você encontre consolo na fantasia — as mudanças químicas que ocorrem em seu corpo ao imaginar um amante ideal podem ser suficientes. Se você se envolve em relacionamentos, pode se sentir atraída por parceiros ou amigos esquivos, pois eles não irão ameaçar seu limite inconsciente de intimidade. Para você, eles são preferíveis a pessoas que acabem sufocando você.

Questionário da Fome

- Quando criança, você foi incentivada a comer quando não estava com fome? Você foi forçada a comer alimentos que achava repulsivos?
- Quando criança, você foi privada de comida quando estava com fome?
- Seus alimentos favoritos foram retidos de você?
- Como eram as refeições em a família? Quem cozinhava? Você comia junto com os outros ou sozinha?
- Quando criança ou adolescente, você já escondeu comida? Teve compulsão alimentar? Restrição?
- Como você sabe quando está com fome? Quais sensações surgem? Qual é o seu alimento favorito? Por quê?
- Use três palavras para descrever como você se sente em relação à comida.
- Use três palavras para descrever como você se sente em relação à intimidade sexual.
- Agora, olhe as palavras que você listou para comida e para intimidade sexual. Elas são as mesmas? São diferentes? Por quê?

5: ÁGUAS TÓXICAS

A Fome de Mãe não surge no vácuo. Ela é criada e transmitida dentro de uma cultura que obscurece nossa necessidade humana uns dos outros e prioriza os homens sobre as mulheres. A Fome de Mãe faz parte de um quadro muito maior que assusta as mulheres e compromete nossa capacidade de nos proteger e proteger nossas filhas. Antes de falarmos sobre o elemento materno essencial da proteção, precisamos dar uma olhada no contexto cultural que torna difícil para uma mãe manter sua filha segura.

A proteção é uma característica humana positiva que garante a sobrevivência de uma espécie. Simbólica e literalmente, o amor materno representa proteção, colocando-se entre uma criança e as dificuldades da vida. Uma criança pode suportar muitas ameaças se souber que a mãe está lá por ela. O termo *mãe coruja* fala sobre o instinto protetor universal embutido na fisiologia feminina, que é ativado quando uma mulher se torna mãe. Projetado para garantir a sobrevivência da próxima geração, as mães experimentam uma atividade neuroquímica aumentada que melhora a atenção e a busca por proximidade. A proteção materna é parte do plano da natureza para manter os bebês e as crianças seguros enquanto ainda são vulneráveis para se protegerem sozinhos.

Infelizmente, as influências culturais podem obscurecer o design da natureza. Que tipo de mundo torna difícil para uma mãe proteger seu filho? A resposta a essa pergunta envolve uma discussão sobre o patriarcado, que vem do grego e significa "governo do pai".

Há 30 anos, tenho escrito e ensinado sobre patriarcado, misoginia e a construção de gênero. Então, quando me deparei com a entrevista de Anjali Dayal no programa de rádio *On Being*, fiquei empolgada com sua explicação clara e renovadora. Na época, Dayal era pesquisadora no Instituto para Mulheres, Paz e Segurança de Georgetown e compartilhou o discurso de formatura de David Foster Wallace, "Isso é Água", para ilustrar um tema. Na anedota de Wallace, dois peixes jovens nadando encontram um peixe mais velho que os cumprimenta dizendo: "Bom dia, meninos. Como está a água?". Os dois peixes jovens continuam nadando por um tempo até que um deles olha para o outro e diz: "O que diabos é água?"[1] O significado é claro: muitas vezes estamos completamente inconscientes do ambiente que nos molda. Dayal conecta brilhantemente essa "água" com o patriarcado:

> O patriarcado é evidente na violência cotidiana contra as mulheres. Ele se reflete nas muralhas que construímos para nos proteger: as pequenas adaptações, as coisas que você faz reflexivamente para evitar ser machucada enquanto anda por aí, todas as maneiras sutis de se proteger, de ficar sozinha com alguns homens em escritórios, outros homens em carros e todos os homens desconhecidos em grandes prédios vazios... cada vez que você ignorou um comentário obsceno de um homem na rua, no bar ou em uma festa, porque quem sabe o que ele fará se você reagir... o rápido olhar para o vagão do metrô quando o trem chega à estação para garantir que haja pessoas suficientes para que você não fique sozinha caso alguém te ameace, mas não tantas gente assim, a ponto de você não conseguir identificar aquela mão que pode te apoiar no meio do caminho — mil transgressões tão pequenas e regulares que você nunca as nomeia para ninguém... porque é assim que a vida é.[2]

O impacto psicológico, social e espiritual de crescer na "água patriarcal" significa que engolimos as ideias predominantes sobre as mulheres sem perceber. Mesmo quando essas ideias são prejudiciais, nós, como mulheres, nos tornamos versões do estereótipo de gênero. A maneira como a cultura nos vê é a maneira como nos vemos. O modo como a cultura se sente a nosso respeito é como nos sentimos a nosso respeito. Internalizar a ideologia patriarcal não é um processo cognitivo. Não acordamos conscientemente um dia e decidimos nos desvalorizar. É muito mais insidioso. Simplesmente nadamos em construções femininas que nos dizem como agir, como nos vestir e quem amar à medida que crescemos e nos desenvolvemos. E, às vezes, aprendemos isso com nossas mães.

Fatores culturais que contribuem para a Fome de Mãe

O reconhecimento crescente da "ferida materna" — um fardo matrilinear que se manifesta nas mulheres e é transmitido de geração em geração — nos dá o cenário para entender a origem da Fome de Mãe. Mães que carregam a própria vitimização a transmitem para suas filhas. A autodepreciação e o desprezo corrompem o vínculo mãe-filha à medida que o ódio contra as mulheres é compartilhado. "A vitimização de uma mãe não apenas a humilha, mutila sua filha, que a observa em busca de pistas sobre o que significa ser uma mulher. Como a mulher chinesa tradicional — com os pés atados — ela transmite sua aflição. A autodepreciação da mãe e suas baixas expectativas são fardos que pesam sobre a psique da filha".[3]

O dr. Oscar Serrallach descreve a transmissão da ferida materna explicando as forças culturais que exigem que as mulheres "internalizem os mecanismos disfuncionais de enfrentamento aprendidos pelas gerações anteriores de mulheres." Serrallach descreve a ferida materna como "a dor e o luto que crescem em uma mulher enquanto ela tenta explorar e entender seu poder e seu potencial em uma sociedade que não abre espaço para isso."[4]

A Fome de Mãe, em parte, é um legado da ferida materna. Passada da avó para a mãe, e então para a filha, a crença de que as mulheres são, de alguma forma, inferiores aos homens prejudica nosso vínculo umas com as outras, enquanto passamos nossas crenças internalizadas sobre nosso corpo, valor e poder para a próxima geração. Os processos inconscientes e epigenéticos que nos ensinam a ser "femininas" acontecem sem o nosso consentimento.

Muitas de nós lutamos com vergonha do corpo e crenças limitantes — o que acaba sendo uma lição passada por nossas mães. Vimos nossas mães passarem fome, assistimos ao tédio e à ansiedade delas. Vimos elas traírem suas amigas e a si mesmas. Como resultado, muitas de nós não têm ideia de como ou por que lutamos; para nós, isso é simplesmente "normal."

#MeToo

Parece que a cada década surgem novas tentativas de reverter a masculinidade tóxica e reequilibrar o poder entre homens e mulheres. A masculinidade tóxica é construída sobre a crença falsa na superioridade dos homens. Embora pareça que certos homens (homens brancos e heterossexuais) se beneficiem desse sistema, na verdade, a masculinidade tóxica também é prejudicial para os homens, pois as regras sobre o que um homem pode sentir, como ele pode se comportar ou o que ele deve alcançar limitam o acesso a sentimentos e vulnerabilidade — qualidades essenciais para que um homem se conecte em relações amorosas, relações de paternidade e consigo mesmo.

Em 1975, Laura Mulvey nos ensinou sobre o olhar masculino — o modo como coletivamente vemos as mulheres como objetos — em seu famoso ensaio *Prazer Visual e Cinema Narrativo*.[5] Através da mídia, aprendemos coletivamente que as mulheres existem para o prazer visual dos homens; mas, como todas nós crescemos rodeadas pelas mesmas mídias, aprendemos a ver umas às outras como objetos. Renee Engeln, professora de psicologia na Universidade Northwestern, identifica a qualidade duradoura do olhar masculino, explicando como o corpo feminino "é visto como algo que existe apenas para fazer os outros felizes."[6] O olhar masculino nos ensina que, para sermos visíveis, devemos estar bem cuidadas, magras e jovens; devemos provocar, flertar e nos exibir. Paradoxalmente, a visibilidade nos torna vulneráveis. As feministas nos Estados Unidos cunharam o termo *cultura do estupro* na década de 1970 para descrever uma sociedade em que a violência sexual é normalizada e as vítimas são culpabilizadas por assédio e agressão sexual. A cultura do estupro enfatiza "não seja estuprada" em vez de "não estupre."[7] Emilie Buchwald, Pamela Fletcher e Martha Roth, editoras de *Transforming a Rape Culture*, descrevem a cultura do estupro como:

> um sistema complexo de crenças que incentiva a agressão masculina e apoia a violência contra as mulheres. É uma sociedade onde a violência é vista como sexy e a sexualidade como violenta. Na cultura do estupro, as mulheres percebem uma contínua ameaça de violência que vai de comentários a toques sexuais até o próprio estupro.[8]

Os noticiários incluem tanta cobertura dessa realidade que a violência contra as mulheres parece inevitável. O movimento *#MeToo* nos lembra que, apesar de anos de luta e da espera por mudanças, uma mulher ainda pode ser imobilizada em uma cama, encurralada em uma festa ou apalpada enquanto outros observam sem intervir. As mulheres intuem que, mesmo que a notícia não seja sobre sua história específica, poderia ser. Uma cultura de medo permeia a psique feminina, dificultando nossa capacidade de nos protegermos e de protegermos nossas filhas — comprometendo um elemento essencial da proteção materna.

Pornografia

O fácil acesso à pornografia dificulta a tarefa dos pais que desejam proteger os filhos. A pornografia prospera na cultura do estupro e, atualmente, está disponível 24 horas por dia em dispositivos móveis. Como resultado, as crianças estão expostas à pornografia mais do que nunca. Uma pesquisa britânica recente revelou que 12% das crianças com menos de 12 anos de idade assistem pornografia regularmente.[9] Embora a pornografia possa ser uma ferramenta útil para adultos explorarem aspectos marginalizados de suas preferências e fantasias sexuais, quando crianças a encontram acidentalmente, a experiência pode ser aterrorizante. A combinação de medo e excitação sobrecarrega o cérebro.

Enquanto ativistas lutam para proteger as crianças dos impactos negativos da pornografia, uma geração de jovens cresce aprendendo sobre sexo através do pornô, apesar dos esforços protetores das mães. A pornografia como forma de educação sexual é problemática por diversas razões, incluindo, mas não se limitando, a uma profunda distorção sobre gênero, sexualidade, poder e intimidade emocional. Gail Dines, autora de *Pornoland: como a pornografia sequestrou nossa sexualidade*, e presidente da Culture Reframed, considera a disseminação da pornografia uma crise de saúde pública. Ela descreve nossa atual cultura do estupro como uma "cultura pornificada" e explica como o consumo de pornografia gera meninos com menos empatia e maior propensão à agressão sexual.[10]

Alarme sexual

As mulheres desenvolvem adaptações biológicas para suportar ameaças constantes. Estamos sempre preparadas para o perigo, recebendo doses regulares de adrenalina e cortisol. À medida que crescemos, nossa personalidade se desenvolve em um modo de defesa. Esse estado defensivo pode explicar por que algumas de nós são raivosas, barulhentas e agressivas, enquanto outras são furtivas, hipervigilantes e retraídas. Judith Leavitt, em seu livro *The Sexual Alarm System*, explica como as mulheres estão tão acostumadas ao medo sexual que — sem perceber — nosso corpo permanece em constante estado de alertao, como um zumbido de fundo.

Leavitt chama essa adaptação de *sistema de alarme sexual* (SAS). O SAS nos mantém em estado de vigilância, preparando-nos para "a possibilidade de abuso", porque sabemos que isso pode acontecer e "estamos alertas e atentas a isso. Caso contrário, sairíamos para caminhar a qualquer hora da noite, viajaríamos livremente pelo mundo ou não nos preocuparíamos com homens nos seguindo na rua."[11]

> O SAS soa como um alarme para as mulheres: FIQUE ATENTA. VOCÊ É UMA PRESA! Elas passam, então, por um ciclo: ficam em estado de alerta máximo, são acionadas por gatilhos, entram em hipervigilância e, por fim, recuam e se fecham. Ufa! Isso é estressante e exaustivo. E afeta diversas áreas da vida das mulheres! A maioria dos homens não experimenta o SAS, pois eles não são, de fato, presas sexuais.[12]

Uma personalidade defensiva se desenvolve cedo. Desde a infância, aprendemos que não estamos seguras, pois nosso corpo é visto como um objeto que pode ser explorado e violado sexualmente. O sistema de alarme sexual é um produto da cultura patriarcal.

Em estado de alerta constante

Os instintos que nos levam a apaziguar alguém que tem poder real ou percebido sobre nós reduzem nossas chances de participação plena em um relacionamento. Por isso, muitas de nós nunca vivenciou uma parceria romântica saudável, pois a reciprocidade nas relações nos é algo estranho. Para nos proteger, adotamos o comportamento de "apaziguar e agradar", atendendo às necessidades de outra pessoa — sejam elas por comida, sexo, adoração ou até dinheiro. A necessidade de apaziguar alguém poderoso (real ou percebido) é a manifestação da nossa resposta biológica de congelamento, uma adaptação ao medo crônico e persistente.

Os corpos femininos, sob o patriarcado, estão adaptados ao perigo. Segundo a dra. Shelly Taylor, as mulheres reagem de maneira diferente ao perigo em comparação aos homens. Em seu trabalho inovador, agora amplamente conhecido como a teoria do cuidar e fazer amizades (*tend-and-befriend theory*), Taylor descobriu que as mulheres demonstram mais comportamentos sociais em resposta a uma ameaça.[13] Antes de seu estudo, publicado em 2000, presumia-se que as únicas respostas biológicas ao medo eram lutar ou fugir — um conhecimento baseado na fisiologia masculina. A pesquisa de Taylor focou nas mulheres e buscou explorar outras formas de reação ao perigo. Sua teoria sugere que lutar ou fugir é menos vantajoso para mulheres que têm bebês e crianças dependentes delas. Assim, elas estão mais vulneráveis a ferimentos ou desestruturação quando enfrentam uma ameaça. Por essa razão, Taylor descobriu que, diante do medo, as mulheres "cuidam" (cozinham, cuidam da higiene ou acariciam seus filhos) e "fazem amizades" (se reúnem, conversam e se conectam com outras mulheres) como forma de proteção.

Em outro estudo sobre as diferenças de gênero, um grupo de homens e mulheres foi informado de que receberia um choque elétrico. Durante o experimento, as mulheres escolheram esperar pelo choque acompanhadas de outros participantes, enquanto os homens se dispersaram e aguardaram sozinhos.[14]

A teoria do cuidar e fazer amizades faz sentido quando pensamos em como as mulheres têm melhores chances de sobrevivência quando permanecem juntas — assim como seus filhos.[15] O que explica essa diferença na resposta ao medo entre homens e mulheres? Ainda não se sabe se é biologia ou sociologia, mas para entender a Fome de Mãe, essa distinção não é crítica. Na verdade, acredito que diferentes respostas ao medo podem estar tão relacionadas ao nosso estilo de apego quanto ao gênero. De qualquer forma, a teoria de Taylor nos ajuda a entender o poder do sistema de alarme sexual e por que, ao sermos ameaçadas, podemos apaziguar, cuidar ou fazer amizade em vez de fugir.

Apaziguando com um propósito

Uma compreensão mais profunda da nossa resposta ao medo humano permite mais compaixão por nós mesmas quando algumas de nós, inconscientemente, apaziguamos um parceiro irritado antes de acalmar ou proteger os filhos. Nossa mente, em um nível profundo onde os recursos automáticos de sobrevivência entram em ação, rapidamente determina que acalmar um adulto irado é a opção mais segura para todos.

Marissa Korbel, advogada do Centro de Direitos das Vítimas e colaboradora mensal da revista *Rumpus*, nos oferece uma ilustração poderosa de como o apaziguamento funciona na prática. Em seu artigo intitulado *Às vezes você faz o café da manhã para o seu estuprador: dentro do controverso — e muitas vezes confuso — "Instinto de Cuidado" das Mulheres*, ela escreve:

> Você só pode empurrar um homem para longe de você algumas vezes. Só pode dizer "agora não, não obrigada, eu não quero" de algumas formas. Eu também já

> fiz sexo sem querer, porque o sexo era a opção menos ruim. O sexo era uma variável conhecida. Pense nisso como uma tática de redução de danos. Lutar, gritar, chutar e xingar um homem? Resultados desconhecidos. Ele me bateria de volta? Ele me deixaria ir? Eu lutaria e perderia? Se eu perdesse, ele faria sexo comigo de qualquer forma, só que de maneira mais violenta?[16]

Korbel captura a essência da resposta de apaziguamento. O comportamento de apaziguamento pode ser menos arriscado do que lutar ou correr. Assim, podemos entender como se render a uma agressão sexual indesejada está relacionado à sobrevivência — uma tática de redução de danos engenhosa e consciente.

Quando crianças, muitas de nós aprendemos a apaziguar nossa mãe como uma tática de redução de danos. Em vez de arriscar uma mãe irritada, apaziguá-la significava manter a casa limpa, fazer elogios à sua aparência, fazer-lhe companhia ou simplesmente ficar fora do seu caminho quando ela estava irritada. A necessidade de agradar e apaziguar é semelhante a uma resposta de trauma — uma reação automática e inconsciente que pode se tornar uma característica de personalidade enraizada.

6: PROTEÇÃO

Mulheres assustadas tornam-se mães inseguras, que às vezes falham em proteger seus filhos. Isso não é uma questão de amor. As mães podem amar profundamente seus bebês e crianças e, ainda assim, não conseguirem protegê-los. Vejo esses padrões com frequência na vida cotidiana, à medida que as mães tentam criar suas filhas. Algumas mães são superprotetoras, fazendo com que elas percam experiências adequadas ao seu desenvolvimento. Por outro lado, algumas são tão permissivas que as filhas enfrentam desafios adultos antes de estarem prontas. Encontrar o equilíbrio certo é um mistério. E tudo se complica ainda mais com traumas não curados que acompanham uma mulher na maternidade. Sem consciência das próprias feridas psicológicas, uma mãe pode não perceber os sinais de que ela e seus filhos estão em perigo. Ou então, pode parecer que o perigo está à espreita em cada esquina, deixando tanto a mãe quanto a filha em constante estado de alerta. De um jeito ou de outro, as filhas sofrem quando não podem contar com suas mães para segurança e proteção.

As primeiras lições de segurança e proteção entre mãe e filha podem não ser mensuráveis ou visíveis, mas são poderosas. A ciência tem descoberto que, desde a gravidez, a ansiedade, o estresse e o medo maternos podem ser transmitidos ao bebê no útero, especialmente no último trimestre.[1] Além disso, as cicatrizes emocionais não curadas da própria criação de uma mãe afetam negativamente seus instintos maternos.[2] O estresse e a ansiedade maternos transmitem insegurança para a filha por meio do toque, do tom de voz e dos padrões de respiração e, mais tarde, por meio de comportamentos e escolhas que colocam tanto a mãe quanto a filha em perigo.

Para ilustrar o conceito de proteção materna e como ela pode falhar, é útil observar extremos para que possamos perceber exemplos mais comuns que ocorreram em nossa própria criação. Por esse motivo, vou focar na série da Netflix *Dirty John*, baseada em uma história real e no podcast original. Você pode achar útil assistir à série ou ouvir o podcast para compreender plenamente as dinâmicas em jogo.

O caso de Dirty John

Na adaptação da Netflix do podcast de *true crime Dirty John*, temos uma ilustração brilhante, porém sombria, do que acontece quando as mães não conseguem proteger a si mesmas ou a suas filhas. A minissérie mostra como a transmissão intergeracional da misoginia pode deixar as mulheres inseguras e vulneráveis. A misoginia não é apenas o ódio explícito às mulheres, mas também, de acordo com o Cambridge Dictionary, "a crença de que os homens são melhores do que as mulheres."

Nesta história real, vemos de perto o legado dos prejudiciais padrões duplos que priorizam os homens em detrimento das mulheres — e como as próprias mulheres participam e perpetuam esse sistema infeliz. Três gerações são impactadas pela misoginia sistêmica, transmitida com o auxílio da ideologia judaico-cristã.

A transmissão intergeracional começa com Arlane, que é esposa de um pastor. Em uma cena comovente e dolorosa, Arlane cita passagens bíblicas para sua filha adulta, Cindi, a fim de encorajá-la a permanecer em um casamento infeliz. Como a maioria das filhas adultas, Cindi quer o apoio de sua mãe. Ela está considerando o divórcio, o que é assustador para uma mulher cristã. Transições na vida que não têm apoio cultural são difíceis, e o amor maternal torna as coisas mais fáceis. Cindi escuta enquanto Arlane cita as escrituras, aconselhando-a a permanecer no casamento com Billy. Cindi ignora a própria intuição para agradar à mãe e ser uma "boa" filha cristã, mas logo depois, em uma demonstração arrepiante de malícia calculada, Billy assassina Cindi. Embora Billy vá para a cadeia por homicídio culposo, ele é libertado após apenas três anos, com base no testemunho de Arlane de que "Eu sei que ele amava minha filha." Embora compaixão e perdão sejam admiráveis, algo na tolerância distorcida de Arlane para com seu genro não parece certo. À medida que a história se desenrola, vemos como a orientação de Arlane é uma exibição trágica da misoginia sistêmica que anula o instinto materno protetor.

Arlane e Cindi servem de pano de fundo para a personagem principal da série dramatizada da Netflix, Debra Newell, interpretada de forma impecável por Connie Britton. Debra é uma mulher de 59 anos, bem-sucedida nos negócios, mas cronicamente desapontada no amor. Debra, assim como sua irmã Cindi, é um ímã para homens perigosos. No início da história, vemos Debra sendo facilmente seduzida por John Meehan, interpretado por Eric Bana. Debra foi casada e divorciada quatro vezes, mas seu histórico não parece desacelerá-la quando começa a namorar on-line e encontra John, que rapidamente se infiltra em sua vida. O público pode ver a estratégia predatória de John pelos olhos preocupados das filhas adultas de Debra. Em poucas semanas, Debra se casa secretamente com John, apesar dos protestos de suas filhas, e o relacionamento deles apresenta sintomas típicos de dependência emocional.

Dependência emocional, assim como outros tipos de dependências, segue certos critérios que indicam quando um hábito se torna uma compulsão:

- *Manter comportamentos ou o uso de substâncias mesmo diante de consequências negativas:* Debra não consegue se afastar de John, apesar de descobrir suas mentiras e experimentar a perda de proximidade com suas filhas;
- *Tentar, sem sucesso, interromper o comportamento ou o uso de substâncias:* Debra tenta se afastar de John depois de descobrir suas más intenções, mas não consegue. À medida que sua obsessão cresce, ela se torna cada vez mais incapaz de cuidar de si mesma e de suas filhas, o que as coloca em grave perigo;
- *Desejo e abstinência ao tentar parar o comportamento ou o uso de substâncias:* Debra termina com John depois de descobrir sua mentira, seu vício em drogas e seu histórico de enganar mulheres. No entanto, ela não consegue tolerar a separação e restabelece contato com ele;
- *Manter o comportamento ou o uso de substâncias em segredo*: Debra mente sobre seu relacionamento com John desde o começo. Ela mente sobre a velocidade com que as coisas estão avançando, quanto acesso está dando a ele à sua vida pessoal e quanto de suas finanças estão comprometidas. Ela esconde o casamento com ele e todos esses detalhes das pessoas de sua família para poder ficar com John;
- *Isolamento de amigos e família para proteger o relacionamento*: Debra não tem amigas e se afasta das relações familiares à medida que prioriza John.

Apesar dos divórcios anteriores de Debra, nem ela nem sua mãe, Arlane, parecem cautelosas quando John rapidamente se torna parte da vida cotidiana e das tradições familiares. Tanto mãe quanto filha não mostram capacidade ou inclinação para desacelerar e conhecê-lo antes de incluí-lo na vida da família. Elas são seduzidas pelo charme dele. Mas as filhas de Debra não são.

A mais velha, Ronnie, claramente assombrada pelos quatro casamentos anteriores de sua mãe, manifesta sua raiva de forma evidente. Ela guarda um grande cofre de metal no seu armário, onde protege seus objetos de valor, e rejeita o novo romance da mãe com John. Ronnie, implacável em sua postura defensiva, é a protetora. Ela assumiu o papel de cuidadora que sua mãe abandonou.

A filha mais nova de Debra, Terra, está perturbada com o relacionamento, mas demonstra o medo de maneiras muito diferentes da irmã mais velha. Ao contrário de Ronnie, Terra tenta apaziguar sua mãe. Ela implora a Debra para não deixar John brincar com os primos mais novos durante o próximo encontro de Natal, explicando entre lágrimas que não é justo para as crianças se apegarem a um homem que não vai permanecer na família. Terra, diferente de Ronnie, não consegue pedir diretamente para sua mãe parar de ver John, então tenta apelar para o coração da mãe.

Em seu pedido terno e completamente razoável, vemos a dor de Terra; ela conhece a dor da perda repetitiva. Nos perguntamos como deve ter sido para ela criar laços com cada padrasto anterior apenas para vê-lo partir, ou ter que esperar, atrás de um novo homem, pela atenção da mãe. Ela quer que a mãe entenda — que proteja a si e a suas filhas, de mais perdas desnecessárias — mas seus apelos são em vão.

O papel da mãe como protetora é tão mal compreendido que até mesmo a intervenção profissional não percebe o desespero de Terra. A terapeuta falha em responsabilizar Debra, e, no final, a dependência emocional de Debra prevalece. Ela desconsidera o pedido de Terra e permite que John faça gestos dramáticos com presentes de Natal para os primos pequenos. Ao assistir à cena, sabemos que essa não é a primeira vez que ela faz vista grossa às necessidades de sua filha para atender às suas próprias.

Às vezes, as mulheres compensam a misoginia agindo como aquelas que estão no poder — elas ofendem alguém mais vulnerável. No caso de *Dirty John*, o desdém de Debra pelo simples pedido de Terra é um exemplo de como isso pode acontecer. Debra ignora o apelo da filha por proteção. Em vez de ouvir e considerar as necessidades dela, Debra coloca os próprios desejos antes do bem-estar de Terra. Descaradamente, ela permite que John cubra os primos jovens com brinquedos e afeto. E quando Terra tem uma reação emocional à escolha de sua mãe, Debra fica irritada e magoada. Ela se sente vitimizada pelo comportamento de sua filha e chega a se desculpar com John pela "grosseria" de Terra.

Mas a verdadeira vítima nesse momento festivo é Terra, que está sozinha, chorando, em um cômodo dos fundos, tentando processar tudo sozinha. Para piorar a situação, Arlane tenta amenizar as coisas, persuadindo Terra a voltar para a reunião de Natal, em vez de ouvir suas preocupações ou pedir para John ir embora. Tanto a mãe quanto a avó priorizam John em vez de Terra, passando a mensagem clara de que as necessidades dele são mais importantes do que as dela. Mais do que tudo, Terra quer agradar sua mãe, então ela enxuga as lágrimas, assoa o nariz e volta para a festa. Para ter o amor de sua mãe, ela sacrifica sua intuição e suas necessidades. No final, em um giro impensável dos acontecimentos, ela quase sacrifica a própria vida. John tenta matar Terra. Ver essa história ganhar vida é aterrorizante em muitos níveis, pois, ao mesmo tempo em que testemunhava Terra lutando pela vida, eu não conseguia parar de pensar em Cindi morrendo pelas mãos do marido. A falha de Debra em proteger Terra pode parecer uma forma extrema de negligência, mas destaca a natureza geracional das mulheres incapazes de se protegerem umas às outras do sexismo sistêmico. *É assim* que a Fome de Mãe acontece.

Irmãs com Fome de Mãe

Quando uma mãe é incapaz de proteger as filhas, os irmãos não apenas deixam de receber a proteção materna, mas também desenvolvem adaptações de personalidade que os transformam em concorrentes pelo pouco amor disponível. Crianças desprotegidas crescem se protegendo e disputando atenção. Como resultado, quando os irmãos mais precisam de um aliado, frequentemente acabam encontrando um inimigo ou, no mínimo, uma relação difícil marcada por competição e ressentimento.

No caso de *Dirty John*, vemos como, sem a proteção materna, as filhas se adaptam cuidando de si mesmas da melhor forma possível. Ronnie e Terra, cada uma feroz à sua maneira, fazem esforços extraordinários para preservar a conexão com a mãe. Ronnie contrata um investigador para salvá-la de John, enquanto Terra recorre incansavelmente a Debra em busca de conforto e compreensão. Enquanto cada uma luta pelo amor materno, a relação entre elas se torna frágil.

Já vi esse padrão de tensão entre irmãos se repetir inúmeras vezes em casos de Fome de Mãe. Muitas irmãs se tornam adversárias ao tentarem, individualmente, sobreviver a uma mãe que age como uma criança. Quando os irmãos lutam para sobreviver, eles não brincam. Raramente relaxam. Um assume o papel parental, enquanto o outro permanece jovem. Os irmãos adotam papéis como pacificador ou comediante. Às vezes, as crianças simplesmente se escondem do caos, recolhendo-se silenciosamente em si mesmas.

Embora o drama da Netflix ilustre habilmente a incapacidade de Debra de proteger a si mesma e suas filhas, os críticos perderam o ponto — e uma oportunidade de educar. Ao perpetuar a ideia de que crianças são "más" quando são desafiadoras ou opositoras, Heather Schwedel, na *newsletter* de cultura do *Slate*, descreve Terra e Ronnie como "cheias de atrevimento" e preguiçosas.[3] Schwedel minimiza grosseiramente a luta emocional que Terra e Ronnie enfrentaram. Usando uma linguagem depreciativa, sua descrição reforça o hábito cultural de culpabilizar as vítimas. Suas afirmações de que as irmãs são "adolescentes mimadas" ignoram completamente a razão por trás de seu comportamento: elas estão com medo. Um novo homem ao lado da mãe representa uma ameaça. Elas sabem, sem realmente saber, que estão em perigo, porque sua mãe não pode e não vai protegê-las.

Mães vulneráveis geram filhas vulneráveis

Idealmente, a proteção materna implanta uma fonte interna de segurança em uma filha. Mas nem sempre é assim. A história de *Dirty John* pode parecer extrema, mas não é única. Gerações de mulheres sacrificaram o bem-estar de seus filhos para atender às necessidades de seus parceiros.

Vemos isso na relação entre Debra Newell e as filhas. Ela trata as filhas como meros enfeites, querendo sua presença em reuniões familiares, mas se irritando com suas necessidades diárias. Embora seja incapaz de enxergar ou respeitar os sentimentos das filhas, sente-se vítima quando elas não conseguem respeitar os dela. Em uma entrevista, a verdadeira Debra afirma: "Achei que [John] estava atrás do meu dinheiro, então não senti que minhas filhas deveriam ter medo."[4] Essas palavras demonstram um descaso intencional pelos pensamentos e sentimentos das filhas. Ela está cega para o perigo ao qual as expõe. Embora a teologia judaico-cristã nos aconselhe a "honrar pai e mãe", às vezes isso é impossível — e, de fato, imprudente.

Neurocepção

Mães que não protegem suas filhas se enquadram em duas categorias: a mãe excessivamente vulnerável e a mãe ameaçadora. Neste capítulo, discutiremos o primeiro tipo: a mãe vulnerável. (Analisaremos mais detalhadamente o impacto das mães ameaçadoras no capítulo 8.) Quando uma mãe carrega feridas de apego não resolvidas desde sua própria infância, a capacidade de acalmar a si mesma ou acalmar a filha fica comprometida. Uma mãe emocionalmente frágil pode ter expressões faciais que assustam sua filha ou tons de voz difíceis de suportar. Facilmente angustiada, ela não tolera quando sua filha expressa emoções intensas, especialmente emoções negativas. Com medo de não ter uma solução, uma mãe vulnerável pode afastar a filha para evitar a sensação de impotência.

Neurocepção, um termo da teoria polivagal de Stephen Porges, refere-se à capacidade do cérebro de interpretar o significado dos humores e comportamentos dos outros, além de captar e compreender os sinais do ambiente.[5] A neurocepção nos ajuda a determinar se alguém é seguro ou perigoso. Uma mãe ansiosa, constantemente com medo, pode impactar negativamente o desenvolvimento da neurocepção de sua filha, que acaba se sintonizando com a da mãe. Filhas tendem a espelhar ou corregular suas emoções com as de suas mães. Dessa forma, a ansiedade é compartilhada entre ambas.

Por meio de milhares de pequenos gestos entre mãe e bebê, a mãe comunica se o mundo é um lugar seguro ou não. As adaptações ao medo materno podem prejudicar a capacidade da filha de brincar, aprender e se sentir à vontade ao fazer amizades. Sentindo-se ansiosa, ela perde o acesso à sua própria intuição e sabedoria interior. Nos casos mais extremos, uma filha pode perder completamente a capacidade de detectar perigo, deixando de perceber os sinais de alerta sobre pessoas ou situações potencialmente prejudiciais. Quando a neurocepção materna está comprometida, mães e filhas podem acabar em perigo — como no caso de *Dirty John*, onde Terra luta pela própria vida contra John e Cindi se casa com um homem que a assassina. A neurocepção danificada nos ajuda a compreender como tragédias como essas podem acontecer.

Proteção conquistada

Dentro de cada mulher adulta que não teve proteção materna na infância, existe uma menina assustada. Normalmente, sua ansiedade está profundamente reprimida sob camadas de defensividade. Chamo essa defensividade de *proteção conquistada*. A proteção conquistada pode se manifestar de diferentes formas. Algumas meninas se tornam ferozes — movimentos rápidos, vozes firmes, exigências constantes. Exibir dominância é sua maneira de alertar os outros a manter distância e ter cuidado. No extremo oposto, algumas meninas aparentam submissão ou conformidade, com postura curvada ou instável. Elas podem depender dos outros para tomar decisões por elas.

Se você encontrar uma mulher que enterrou esse tipo de Fome de Mãe sob defesas rígidas, talvez não perceba que ela sente medo. Externamente, ela pode parecer forte. Mas sob essa fachada cuidadosamente construída, há partes congeladas de sua personalidade esperando por atenção. Uma dessas partes é a menina assustada que anseia por proteção materna. Outra é a adolescente revoltada que precisou descobrir tudo sozinha. Sem consciência dessas partes, uma mulher que não teve proteção materna precoce pode se sentir atraída por figuras de autoridade poderosas, que possuem status e riqueza, ou pode trabalhar incansavelmente para construir a própria fortaleza financeira. Ela está, no fundo, buscando a proteção que lhe faltou na infância.

Embora uma mulher que carrega esse tipo de Fome de Mãe consiga cuidar de si mesma, ela está exausta de fazê-lo. Ela anseia por alguém que assuma o controle e alivie sua responsabilidade, alguém que lhe permita ser a menina que nunca pôde ser.

Mulheres que cresceram sem proteção materna estão acostumadas a altos níveis de medo e ansiedade. Se essa é a sua história, você tem vivido sob intenso estresse e autogestão por muito tempo. Sua resistência pode estar se esgotando. Como a proteção materna esteve ausente, você precisou se adaptar muito cedo — e, em certos momentos, uma parte de você ainda pode se sentir como uma menina assustada.

Amar não é o mesmo que proteger

Com frequência, bebês difíceis de acalmar são chamados de "bebês difíceis", e crianças pequenas que demonstram angústia recebem rótulos errados, como "a fase dos dois anos". Os pequenos que choram são vistos como manipuladores ou desafiadores, quando, na verdade, estão simplesmente se comunicando da única maneira que sabem. Culpar as crianças pequenas por emoções primitivas é uma oportunidade perdida de sintonia e conexão.

Dependentes relacionais, bebês e crianças pequenas não conseguem criar por si mesmas uma sensação de segurança. Assim como uma árvore frágil que precisa de apoio adicional quando é plantada no solo, os bebês dependem de seu cuidador principal. Quando uma planta não está prosperando no jardim, não culpamos a planta. Testamos o solo. Monitoramos a luz solar. Ajustamos a água. Trabalhamos para melhorar o ambiente para que a planta possa prosperar. Mas, com as crianças, às vezes invertemos isso — esperamos que um bebê se adapte ao ambiente, mesmo quando está claro que ele não está bem nele. Em vez de se afastar ou se sentir perseguida, uma mãe sintonizada pode se perguntar: "O que meu bebê precisa?", e se esforçar para acalmá-lo. Mães protetoras aplicam protetor solar, lavam os legumes e levam ao médico quando necessário. E essas são as tarefas fáceis.

Quando estamos assustados, nossa consciência muda, nossa voz muda e paramos de sorrir. Os micromovimentos no nosso rosto ficam tensos. O medo pode turvar a capacidade de uma mãe de prestar atenção aos sinais do seu bebê ou de estar presente quando a criança sente medo. Sarah Peyton, autora de *Your Resonant Self*, explica esse fenômeno, dizendo: "Como o medo afasta as pessoas do momento presente e as coloca em estado de vigilância, ele também as impede de perceber as sutilezas do que está acontecendo com o outro."[6] E se esse "outro" for um bebê?

A maioria das mulheres que conheço mantém as portas trancadas quando está sozinha em casa, deixa as chaves prontas para serem usadas enquanto caminha até o carro e evita estacionamentos após escurecer. É assustador viver em um mundo em que somos presas sexuais. Mães assustadas podem comunicar que o perigo está próximo sem usar palavras. Pesquisadores da Universidade da Califórnia, em São Francisco, descobriram que bebês "captam" o resíduo psicológico da ansiedade e angústia de suas mães.[7] Como discutimos na seção sobre espelhamento no capítulo 1, sabemos que, aos quatro meses de idade, um bebê já aprendeu as expressões faciais de sua mãe. Bebês regulam seu sistema nervoso em sintonia com o de suas mães. Dessa forma, o sofrimento materno pode se tornar sofrimento infantil.

Nenhum refúgio seguro

A adversidade geracional e ambiental compromete a capacidade de uma mulher de se proteger e de proteger qualquer filho que ela possa ter. Nas palavras do dr. Gabor Maté: "Não estamos falando de uma falha parental individual, e sim de um fenômeno social amplo. Vivemos em uma sociedade que destrói completamente o ambiente parental."[8] O fenômeno social ao qual Maté se refere é a água patriarcal em que todos nós estamos nadando, que desvaloriza nossas vulnerabilidades humanas e nossa necessidade uns dos outros. Esse fenômeno social danifica a proteção materna.

Quando as mães lutam pela segurança, seus filhos também o fazem. Filhas de mães assustadas procuram proteção onde não há nenhuma. "[Quando] a resposta imatura ao estresse não recebe a proteção nutritiva de um adulto estável... tal adversidade leva ao trauma psicológico."[9] Mães em perigo não conseguem proteger seus pequenos do estresse tóxico. O estresse tóxico ativa o sistema imunológico imaturo e pode alterar a composição genética, levando a desafios ao longo da vida com a saúde física e mental.

Agora estamos começando a compreender a magnitude e as consequências da adversidade infantil graças à ampla conscientização sobre o estudo inovador de experiências adversas na infância (ACEs, sigla para Adverse Childhood Experiences) de Vincent Felitti, publicado em 1998 pelos Centros de Controle e Prevenção de Doenças e Kaiser Permanente.[10]

O estudo original de ACEs especificou dez categorias de eventos estressantes ou traumáticos na infância, mas a lista agora foi expandida para incluir muitos mais. As formas de adversidade infantil incluem racismo, encarceramento parental, separações parentais amargas, ter um pai ou mãe viciados, viver em um lar adotivo e testemunhar uma mãe sendo ameaçada. Com mais de 17 mil participantes, o estudo nos mostra que o estresse contínuo durante a infância causa mudanças bioquímicas no cérebro e no corpo, aumentando drasticamente o risco de doenças mentais e problemas de saúde no futuro, incluindo o abuso de substâncias.Curiosamente, o dr. Vincent Felitti foi o primeiro a descobrir a ligação entre a adversidades na infância, especialmente o abuso sexual, e problemas de saúde mental na vida adulta. Uma paciente que participou de seu aclamado programa de perda de peso revelou seu trauma infantil durante uma entrevista, desencadeando um momento poderoso para o dr. Felitti, que nunca havia perguntado sobre abuso infantil ao tratar pacientes com foco na perda de peso. Quando questionado por que nunca fez essa conexão, ele respondeu que era médico, não terapeuta.[11] Que exemplo poderoso de como e por que a formação médica deveria incluir a educação sobre conscientização do trauma.

O estudo ACEs mostra um denominador comum em cada medida de adversidade: a falta de proteção. Crianças sem um cuidador protetor sofrem mais do que aquelas que têm um. O dr. Robert Block, ex-presidente da Academia Americana de Pediatria, é frequentemente citada: "ACEs são a maior ameaça à saúde pública não resolvida que enfrenta nossa nação hoje." O aumento da conscientização sobre as ACEs e suas consequências revela o quanto as crianças precisam da presença protetora de um cuidador consistente. Pesquisas mostram que se um adulto confiável acalma uma criança durante a adversidade, o impacto do sofrimento é menos prejudicial, e o evento pode não se tornar uma ACE. Uma pediatra está levando isso muito a sério: a dra. Nadine Burke Harris, a primeira cirurgiã geral da Califórnia e autora de *O poço mais profundo*, está conectando os pontos entre doenças infantis e o estresse tóxico, além de fazer mudanças nos procedimentos médicos que poderiam traumatizar ainda mais crianças vulneráveis.[12] Em sua palestra amplamente assistida no TED, a dra. Burke Harris diz: "A coisa mais importante que precisamos hoje é a coragem de encarar este problema e dizer: isso é real."[13] O trauma infantil não é algo de que você simplesmente se recupera à medida que cresce.

Proteção nos primeiros três anos

O melhor indicador de uma criança com apego seguro é o cuidado protetor e sensível durante os primeiros três anos de vida.

Na preparação para o nascimento, as mulheres precisam de apoio e consciência para otimizar o relaxamento e evitar o estresse desnecessário. Nos primeiros meses de vida de um recém-nascido, os processos biológicos são profundamente impactados pela segurança ou pela falta dela. Por volta das seis semanas de gestação, a placenta conecta mãe e bebê. Quando uma mãe experimenta medo, o cortisol liberado em sua corrente sanguínea atravessa sem filtro para o bebê e, dessa forma, a ansiedade pode ser vivenciada pela primeira vez no útero. Se você está lendo esta frase com um sentimento de "aha", talvez a ansiedade você sente há tanto tempo esteja fazendo mais sentido agora.

O corpo e o cérebro dos recém-nascidos ainda não se ajustaram aos arranjos parentais relativamente modernos que separam os bebês de suas mães por um longo dia de trabalho, uma viagem, 10 horas de sono ou até mesmo uma emergência médica. Tal separação seria impensável para nossos ancestrais, que viviam mais próximos da natureza. E se você nasceu e cresceu em uma época em que especialistas incentivavam o método de deixar o bebê chorar, é seguro dizer que você se adaptou ao medo muito cedo.

No capítulo sobre Cuidado Materno, falamos sobre o quanto a separação entre mãe e bebê é arriscada para o sucesso do apego. Vale a pena repetir isso neste capítulo. A separação é assustadora para os bebês e difícil para as mães por uma razão: sobrevivência. Uma mãe que precisa deixar seu pequeno sabe, em algum nível, que isso pode afetar negativamente seu filho, por isso pode ter dificuldades para se concentrar, trabalhar ou aproveitar o tempo longe.

"Apegos seguros tornam a separação menos dolorosa para as crianças, mas a separação causa dor, mesmo quando a criança tem uma mãe emocionalmente presente", escreve a dra. Komisar.[14] Admiro a ênfase dela na dor que as crianças sentem quando a mãe vai embora, *mesmo que* elas tenham um apego seguro. Komisar normaliza a primazia do primeiro relacionamento que todos nós temos na vida.

Estudos mostram que crianças menores de três anos que estão em creche apresentam níveis mais elevados de cortisol na saliva do que crianças que ficam em casa com cuidados familiares.[15] Esses estudos revelam que até 63% das crianças em creche têm níveis elevados de cortisol, o que está associado a um desenvolvimento retardado e cérebro imaturo em quatro espécies de mamíferos (gado, ovelhas, ratos e macacos). Altos níveis de cortisol foram associados a alterações no cérebro que levam a uma resposta ao estresse ainda mais elevada.[16] Embora os pequenos se beneficiem da socialização na creche e na pré-escola, eles não estão psicologicamente ou emocionalmente preparados para interações com os colegas antes dos dois anos de idade.[17] O brincar com os colegas ocorre de forma mais fluida quando as necessidades iniciais de apego foram atendidas. O apego deve preceder a socialização, e não o contrário.

Como mãe e profissional da saúde, não me surpreende os achados de Komisar sobre o TDAH e outros problemas comportamentais: "Tenho visto a sociedade cada vez mais desvalorizar a maternidade enquanto idealiza o trabalho. Ao mesmo tempo, tenho presenciado uma epidemia de crianças com dificuldades, sendo diagnosticadas e medicadas cada vez mais cedo com TDAH, agressão precoce e outros distúrbios comportamentais e sociais. Muitas pessoas dizem que esses dois fenômenos são completamente não relacionados, mas eu acredito que estão conectados.[18]

Os pequenos dependem do relacionamento com a mãe para acalmar a ansiedade e o estresse que surgem com novas experiências. A segurança desse relacionamento é a base para o apego e o sentimento de se sentir seguro. O apego seguro ocorre gradualmente, à medida que a confiança cresce em conexão com cuidados previsíveis e calorosos. Se você não teve um senso de segurança enquanto crescia, a ansiedade de separação que é evidente nos pequenos pode ainda estar aí, te acompanhando na fase adulta. Você pode sentir um desconforto profundo quando está sozinha ou quando alguém vai embora.

Muitos argumentam que incentivar as mães e os bebês a manterem uma conexão estreita durante os primeiros mil dias é de alguma forma antifeminista. Mas isso está longe de ser a verdade. O feminismo é sobre *expandir* as opções para as mulheres. Ter mais opções significa ter mais responsabilidade.

As escolhas que fazemos têm recompensas e consequências. Tomamos melhores decisões quando temos informações completas. Muitas mulheres fariam escolhas diferentes sobre a maternidade se os especialistas em cuidados infantis e as autoridades fornecessem informações holísticas e apoiassem os instintos maternos. Talvez, se as políticas promovessem o apego seguro permitindo um período maior de licença parental, a importância dos primeiros meses de vida ganhasse respeito universal.

Nos primeiros três anos de vida, incentivar a dependência é um investimento emocional no futuro da independência e da saúde. Mas quando as mães perdem essa oportunidade no início, muitas se veem perplexas quando seu filho de dois anos, que antes era obediente, se torna um adolescente irado e retraído. Pequenos que aprendem a confiar em si mesmos para conforto e segurança se tornam adolescentes reservados, difíceis de alcançar.

Alfa

Gordon Neufeld, Ph.D., psicólogo clínico de Vancouver e coautor do livro *Pais ocupados, filhos distantes*, incentiva as mulheres a acessarem seu "lado alfa" quando se tornam mães.[19] Ele descreve uma mãe alfa como uma mulher que conhece sua força e sua primazia no mundo de seu bebê. Uma mãe alfa reivindica seu lugar como protetora de seu filho.

Neufeld afirma que qualquer pessoa pode oferecer esse cuidado feroz, pois bebês vulneráveis são atraentes e despertam nosso desejo de protegê-los. Embora este seja um ponto interessante, ele simplifica excessivamente uma questão complexa. Algumas mães podem facilmente assumir o papel protetor materno, mas com a mesma frequência, o legado intergeracional de adversidade, medo e submissão paralisa os instintos protetores de uma mulher, sobrepondo sua capacidade consciente de manter a si mesma ou seu bebê seguro. Ela não está causando danos de propósito, mas o estresse tóxico danifica a neurocircuitaria para comportamentos maternos. "Na verdade, mães que sofrem de depressão pós-parto têm níveis muito altos de cortisol em resposta aos gritos de seus bebês, o que é uma resposta semelhante ao TEPT (transtorno de estresse pós-traumático)."[20]

Em outras palavras, a proteção parece natural, mas por mais fofo e atraente que o bebê possa ser, muitas mulheres assustadas simplesmente não têm os recursos internos para proteção. Algumas compensam com medidas superprotetoras, enquanto outras são subprotetoras. De qualquer forma, sem proteção materna saudável, um filho pode crescer sem uma sensação de segurança.

Alomães

Para proteger bebês vulneráveis nos primeiros três anos, as mães podem precisar contar com cuidadoras conhecidas como *alomães*. Uma alomãe pode ser biologicamente relacionada ou não, mas está emocionalmente investida no bem-estar da criança. Pais, avós, irmãs, tias e babás podem ser *alomães*. Historicamente, as *alomães* ajudavam a mãe biológica não porque ela estivesse ausente, mas porque estavam preocupadas com o bem-estar dela e do bebê. As *alomães* seguravam e brincavam com o bebê enquanto a mãe tomava um banho, comia algo ou ajudava outros filhos.

No nosso mundo moderno e acelerado, uma *alomãe* pode não ser um membro da família. Ela ou ele pode ser uma babá. Para que uma *alomãe* assuma com sucesso as tarefas maternas, ela ou ele precisa conquistar um lugar na família.

Se uma *alomãe* passa mais tempo com o bebê do que a mãe, o papel de "favorita" pode ser transferido em função dos processos de apego. O apego seguro se forma nas interações diárias com o cuidador primário, mãe ou *alomãe*. Naturalmente, a mãe pode sentir tristeza ao entregar seu filho a outro cuidador, mas essa perda serve para o bem-estar do bebê, que merece uma base segura. Dessa forma, o sacrifício materno é *protetor*.

Isso é especialmente verdadeiro quando trabalhar fora de casa é essencial. Alguns estudos mostram que o estresse financeiro pode impactar negativamente a maternidade, então, quando a mãe trabalha para aliviar as dificuldades financeiras, o resultado geral pode impactar positivamente seus filhos — especialmente com o apoio de uma *alomãe* confiável. No entanto, Komisar explica que as crianças de "famílias de classe média e classe média alta têm pior desempenho em termos de saúde mental quando ambos os pais trabalham... Elas sentem o distanciamento dos pais e interpretam isso como rejeição."[21]

Se uma *alomãe* não for uma opção e a mãe precisar depender da creche quando estiver fora por longos períodos, ela pode precisar passar mais tempo acalmando um bebê ou criança ansiosa que sentiu sua falta o dia todo. Mães protetoras ajudam seus pequenos com a ansiedade de separação, compensando a falta de tempo juntos de maneira nutritiva. Guardar os celulares e brincar assim que chegar em casa ajuda a restabelecer a conexão e a confiança após horas de separação.

Uma das medidas protetoras mais poderosas para combater as longas horas separadas é o sono compartilhado. A proximidade física durante a noite promove a conexão sensorial, permitindo que as horas de sono fortaleçam o sistema imunológico imaturo e desenvolva a saúde neurológica do bebê. Reconheço que o sono noturno é uma questão controversa, o que é lamentável. O momento de sono não deveria ser estressante para os pequenos. Assim como as refeições, é uma oportunidade para conexão, calor e segurança. Compartilhar as horas da noite fortalece o processo de apego e servirá ao pequeno à medida que ela cresce. Dessa forma, um espaço compartilhado para o sono é proteção materna em ação. (Para mais informações, veja a seção Parentalidade Noturna, no capítulo 3.)

Protegendo meninas em crescimento

À medida que as meninas crescem, suas necessidades de proteção externa também aumentam. Assim como os adultos, as meninas se saem melhor no trabalho ou nas brincadeiras quando alguém está ao seu lado. Elas precisam de um refúgio seguro para o qual possam voltar após um dia na escola ou tempo com os amigos — um lugar onde possam cometer erros sem punição, aprender limites sem medo e relaxar das pressões externas de crescer. As filhas se saem melhor quando as mães criam um ambiente seguro com limites apropriados para a idade. Com a proteção materna, as meninas conseguem tolerar uma variedade de fatores de estresse que surgem em seu caminho.

O trabalho de uma mãe como protetora exige superpoderes à medida que sua filha cresce e entra na cultura dominante. O mundo parece determinado a roubar sua inocência. Mensagens sexuais que a exploram e objetificam invadem a mídia e entram na privacidade de nossos lares. Em 1994, o livro de Mary Pipher, *O resgate de Ofelia*, causou grande impacto, iluminando os pais sobre os riscos que suas filhas enfrentam. Mais de duas décadas depois, novos autores ainda escrevem as mesmas coisas sobre meninas e o estresse. Apesar dos nossos esforços para empoderar as meninas e ajudá-las a navegar pelo mundo, pouca coisa mudou. Em *Estresse e ansiedade: encarando a epidemia nas garotas*, Lisa Damour analisa de perto o número crescente de meninas que enfrentam problemas de ansiedade e humor. O número de meninas que se sentem "nervosas, preocupadas ou temerosas" aumentou 55% de 2009 a 2014, e a porcentagem de meninas que enfrentam depressão subiu de 13% para 17%.[22] Segundo a pesquisa de Damour, esse aumento não se deve ao fato de sermos melhores em detectar esses problemas do que antes, e sim porque estamos vendo algo novo. O mundo digital adicionou uma nova camada de estresse e ansiedade nas meninas e nas mães.

Quando as meninas não contam com a proteção materna, suas adaptações ao medo se tornam mais perceptíveis à medida que atingem a idade escolar. O medo contínuo cria sintomas de estresse traumático. Jamie Howard, psicóloga clínica do Centro de Transtornos de Ansiedade do Child Mind Institute na cidade de Nova York, incentiva os professores a observarem sinais de trauma em seus alunos. Ela afirma: "Crianças que aparentem ter TDAH por serem muito desatentas podem, na verdade, estarem sendo distraídas por um trauma que sofreram. E crianças que evitam certas coisas ou que têm uma resposta exagerada de susto podem parecer provocadoras."[23] Muitas vezes, crianças não protegidas aparentam ser excessivamente energéticas ou sonhadoras (dissociadas) enquanto estão na escola ou na creche. A hiperatividade ou o fato de estarem "desligadas" é simplesmente uma maneira de regular um cérebro assustado. Os sinais da falta de proteção materna podem ser:

- Dificuldades de aprendizado ou problemas de concentração;
- Desatenção;
- Ansiedade e necessidade excessiva de agradar;
- Perfeccionismo;
- Problemas de coordenação e postura comprometida;
- Explosões de raiva ou choro;
- Dores de estômago, problemas digestivos e dores de cabeça.

Um cérebro e um corpo acostumados ao sofrimento são mais facilmente vulnerabilizados por situações que ocorrem durante ou após um longo dia na escola. Explosões emocionais são comuns em todas as crianças que estão tentando regular o sistema nervoso em desenvolvimento, mas, para uma criança já estressada, o cansaço ou a fome podem rapidamente se transformar em raiva ou desespero. Os pesquisadores chamam esse fenômeno de *sensibilização(kindling)*[24]. A sensibilização explica por que uma criança ou um adulto podem parecer bem em um momento e, no instante seguinte, demonstrar raiva ou medo intenso. Isso ocorre porque seu sistema nervoso está em estado de alerta.

À medida que as meninas se aproximam da adolescência, essas adaptações de personalidade podem se transformar em distúrbios de humor, incluindo problemas alimentares, dificuldades para dormir e menstruação dolorosa.

Meninas e sexo

A misoginia explica o ódio a si mesma e ao próprio corpo. O sistema de alarme sexual explica o medo da sexualidade. A combinação dessas duas forças poderosas resulta em um coquetel destrutivo que prejudica o desenvolvimento sexual das mulheres. Escrevo sobre a sexualidade feminina há mais de uma década, e me entristece ver como as coisas mudaram muito pouco ao longo desses anos. Embora as meninas tenham mais oportunidades de independência, ainda enfrentam dificuldades para se sentirem seguras, com a própria imagem corporal e nos relacionamentos. A educação sexual não mudou muito, exceto pelo fato lamentável de que a pornografia, como sabemos, se tornou uma nova professora.[25] Na "esquina digital", as meninas estão aprendendo que perigo e sexo andam juntos. Que estrangulamento faz parte das preliminares. Que ser atraente é tudo.

A sensualidade como virtude se manifesta quando modelos femininos de comportamento demonstram "empoderamento" sexual por meio de gestos como agarrar a própria virilha, dançar no pole dance e adotar posturas que parecem expressar domínio em vez de liberdade. Em seu excelente livro *Garotas e Sexo*, Peggy Orenstein se baseia em entrevistas com adolescentes para analisar as forças sexuais modernas que afetam nossas filhas. Orenstein investiga a contradição vivida por meninas que, apesar de terem mais oportunidades e acesso à educação, ainda enfrentam pressões sexuais desumanas. Ela compartilha o comentário de uma jovem entrevistada que diz: "Geralmente, o oposto de algo negativo é algo positivo, mas quando se trata de meninas e sexo, o oposto de 'vadia' é 'puritana', e os dois são negativos. Então, o que se espera que a gente faça?"[26]

Orenstein aborda a mesma armadilha sexual dupla sobre a qual escrevi em meu livro *Ready to Heal:* uma "dupla ligação" é uma situação impossível em que todas as escolhas levam a resultados negativos. Identifiquei quatro crenças distintas que surgem para as mulheres nesse dilema:

- Se eu for sensual, sou má;
- Preciso ser boa para ser digna de amor;
- Não sou realmente uma mulher a menos que alguém me deseje sexual ou romanticamente;
- Preciso ser sensual para ser amável.

Essas crenças nos ensinam que, para ser amada, precisamos ser sensuais. Mas, se formos sensuais *demais*, somos más. Apenas as meninas boas são dignas de amor, mas, se você quer amor, deve ser sexualmente desejável. Essas quatro crenças criam um impasse psicológico que congela o desenvolvimento sexual saudável e prepara o terreno para que o amor e o sexo se tornem hábitos dolorosos ou viciantes, em vez de expressões de alegria e prazer. Na verdade, como Orenstein explica de forma eloquente em sua palestra no TED, as meninas geralmente não consideram o próprio prazer sexual como prioridade. Se o parceiro tiver um orgasmo, isso já é bom o suficiente. Apesar do progresso das meninas em algumas áreas, os duplos padrões sexistas parecem persistir conosco, tanto para mães quanto para filhas.

Proteção e sexualidade feminina

As mães geralmente se posicionam em extremos no espectro de proteção sexual: ou são excessivamente ou são pouco protetoras. Mães excessivamente protetoras ensinam suas filhas a temerem os meninos e o sexo. Abstinência e evasão são suas estratégias de proteção. Mães pouco protetoras viram as costas quando as filhas precisam de ajuda. Elas não estabelecem horários para voltar para casa ou limitam a exposição à tecnologia. Podem até sacrificar suas filhas em detrimento de pais, irmãos ou tios. Qual é o equilíbrio? Qual é a receita para criar meninas sexualmente saudáveis? Não tenho certeza se existe uma resposta única.

A mesma cultura patriarcal que envenena o desenvolvimento sexual feminino nos ensina a nos submeter a figuras ou sistemas de autoridade para educar nossas filhas. As mães esperam que igrejas ou escolas ensinem as filhas sobre sexo e segurança, mas essa forma de educação não está funcionando. "A forma como educamos os jovens sobre sexualidade não está funcionando. Esperamos que eles ignorem seus desejos e curiosidades instintivas, enquanto os bombardeamos com imagens que sugerem que a luxúria é o apetite mais importante e que a sensualidade é a virtude mais impressionante", escreve Ariel Levy.[27]

Quando os homens se tornam pais, suas crenças sobre mulheres, gênero e sexualidade podem não ajudar. De maneiras explícitas e implícitas, os pais podem perpetuar a objetificação e vitimização das mulheres. Às vezes, a luxúria do pai transparece quando uma filha entra na puberdade e seu corpo muda. O pai pode comentar sobre essas mudanças de uma forma que faz a filha se sentir desconfortável ou confusa. Um pai que falha na proteção da filha pode demonstrar comportamentos inadequados, como comentar sobre a aparência de uma garçonete ou comparar o corpo da filha com o da mãe, por terem passado a vida sendo ensinados que as mulheres são objetos.

Em um experimento de pesquisa recente, uma mãe passou sete dias *online* fingindo ser uma menina de 11 anos de idade. Ela postou uma foto genérica com a legenda "muito animada para ver minhas amigas neste final de semana na festa da Carly! Te amo muito!!". Minutos depois de postar o material, essa pseudomenina de 11 anos recebeu sete chamadas de vídeo, conversas por mensagens de texto com 17 homens e viu os genitais de 11 desses homens.[28] Sloane Ryan, que lidera a equipe de projetos especiais da Bark, uma empresa de tecnologia voltada para a segurança infantil, relata que, em 2018, a Bark alertou o FBI sobre 99 predadores de crianças, e em 2019, esse número passou de trezentos e continua crescendo. Ryan ilustra como os predadores se comunicam:

> Você é tão linda.
> Você deveria ser modelo.
> Sou mais velho do que você.
> O que você faria se estivesse aqui, querida?
> Você [ato sexual] se estivesse aqui?
> Já viu um antes, querida?
>
> Querida, você é tão bonita.
> Fala comigo, querida.
> Eu quero que você [ato sexual], querida.
> Entre na chamada de vídeo, querida.
> Não seja tímida, querida.[29]

Para simplificar, o acesso não supervisionado à internet não é seguro para crianças. Embora o acesso à rede ofereça oportunidades de aprendizado, também representa um fardo adicional para as mães que se esforçam para proteger suas filhas de predadores e de material sexual prejudicial. É um monstro em rápido crescimento. Quando trabalho com pais que estão sobrecarregados com essa questão, ofereço a eles uma explicação simples. Pense na internet não monitorada como cocaína. Embora isso possa soar extremo, a mensagem fica clara: a internet é viciante e perigosa. As crianças precisam de supervisão e limites no uso de dispositivos eletrônicos.

Irmãos e proteção

Quando as filhas que ainda são meninas pequenas são colocadas na posição de cuidar de seus irmãos, elas se deparam com responsabilidades de adultos para as quais não estão preparadas e que não escolheram. Quando Janet era uma menina, sua mãe estava muito doente, então se tornou trabalho de Janet cuidar do irmão mais velho e de seu pai. Ela tinha apenas seis anos quando aprendeu a arrumar as camas, preparar as refeições (principalmente sanduíches de atum) e limpar a casa. Como adulta, Janet odeia cozinhar e não suporta o cheiro de atum. Ela raramente sai de casa. A história de Janet pode parecer extrema, mas não é incomum que uma mãe use a filha como babá ou faxineira. Embora ajudar a família possa criar um senso de pertencimento para uma filha, quando o trabalho é demais e muito solitário, a experiência pode se tornar assustadora. A responsabilidade é grande demais.

Além disso, quando uma criança é sobrecarregada com o trabalho da mãe, os irmãos perdem a oportunidade de serem irmãos. Um deles se torna o cuidador, carregando o peso da responsabilidade, enquanto os irmãos mais novos se sentem controlados, com ciúmes ou vitimizados. Minha cliente Rose era filha única, então os pais se divorciaram e a mãe começou a namorar um músico que tinha um bebê. Rose tinha nove anos quando se viu responsável por uma pequena meia-irmã. Sua mãe estava distraída com novos amigos e eventos noturnos, e deixava Rose sozinha com o bebê com frequência. Rose estava sobrecarregada com a responsabilidade e com as noites solitárias em casa sem sua mãe. "Às vezes o bebê chorava e chorava e nada parecia ajudar. Eu ligava para minha mãe, mas ela só me dizia para deixá-la chorar. Era tão horrível ouvir aquele bebê chorar!"

Compreensivelmente, Rose cresceu cansada, ressentida e preocupada por achar que não gostava de bebês ou crianças. Ela adiou ter uma família, convencida de que seria uma mãe terrível. No entanto, depois de alguns anos de tratamento, ela mudou de ideia. Curar a dor do abandono materno a ajudou a recuperar a juventude perdida e a tomar uma decisão mais consciente sobre a maternidade.

O espectro da Fome de Mãe

A adversidade que as crianças enfrentam não precisa ser severa para criar mudanças fisiológicas e psicológicas profundas que podem levar à Fome de Mãe. A gravidade da Fome de Mãe é única para cada filha, e a intensidade das adaptações depende do grau de proteção materna ausente e da disponibilidade de adultos seguros.

Na adolescência e na vida adulta, as adaptações podem se manifestar como depressão constante de baixo grau ou ansiedade crônica. Problemas de atenção, hiperatividade e perfeccionismo também são evidências de Fome de Mãe, assim como hábitos aditivos. Vícios são uma forma de autoacalento e uma maneira engenhosa de evitar a dor.

Se você não teve proteção materna adequada, é de se esperar que a ansiedade e o estresse que você vive agora façam mais sentido. Proteger a si mesma por tantos anos tem um custo. Viver com medo e ansiedade desgasta o sistema imunológico, deixando você vulnerável a sintomas físicos como enxaquecas, dor nas articulações, distúrbios intestinais, TPM dolorosa ou problemas autoimunes. Você pode se sentir atraída por pessoas poderosas que são manipuladoras e talvez perigosas. Você pode ter vícios ou compulsões.

Algumas coisas são simplesmente difíceis de saber até que a mudança realmente seja possível, mas compreender como seus sintomas estão relacionados à falta de proteção materna pode reduzir a vergonha. A cura flui mais facilmente sem o peso adicional da vergonha, e é por isso que, se você luta contra o vício, abordar os comportamentos aditivos é um passo poderoso na direção certa. O vício sempre leva à vergonha, e a vergonha interfere na dor legítima que precisa do seu cuidado.

Muitas de vocês estão cansadas. Vocês têm tentado se proteger por anos e estão exaustas de trabalhar demais ou de forma intensa, de comer demais ou de menos, ou de amar de maneiras destrutivas.

O vício pode começar como uma forma de apaziguar a mãe e se adaptar à sua vulnerabilidade. O comportamento aditivo começa com a esperança inocente de que: "Se eu simplesmente fizer a coisa certa (dizer a coisa certa, ser a coisa certa), ela me protegerá e me amará. Eu posso me acalmar." O dr. Gabor Maté afirma: "No centro de todo vício há um vazio baseado no medo abjeto."[30] O vício é uma tentativa de regular o medo e o desespero — o medo de ser indesejável ou de estar sozinho, um medo que cresce sem um senso fundamental de segurança.

Aqui estão alguns exemplos comuns:

- **Vício em amor:** buscar inconscientemente o amor materno com parceiros românticos. O vício em amor pode incluir um desejo insaciável por toque físico. Às vezes, isso pode levar a um vício sexual.
- **Padrões alimentares:** buscar a aprovação da mãe ao se apresentar de uma maneira específica que exige restrição alimentar. Às vezes, comer em excesso é uma forma de demonstrar raiva contra uma mãe controladora.
- **Trabalhar demais:** a compulsão por estar ocupado pode ter conquistado a aprovação da mãe quando criança. Como adulto, pode oferecer a sensação de segurança e controle que você desejava quando criança.
- **Exercitar-se demais:** exercitar-se até o ponto de lesão e, ainda assim, não conseguir descansar é um sinal de insegurança.

Alguma dessas tendências aditivas ressoa em você?

Desvendando o Medo

- Lembre-se de um momento em que você se sentiu segura quando era pequena. O que estava acontecendo? Quem estava lá?
- Como você pode recriar a sensação de segurança em sua vida atual?
- Lembre-se de um momento assustador do seu passado. O que estava acontecendo? Quem estava lá? Onde estava sua mãe?
- Você recria o medo em sua vida atual?

Resgate da Ansiedade

Quando a ansiedade se intensifica, experimente essa intervenção simples e antiga. A respiração alternada pelas narinas, que faz parte de algumas práticas de hatha yoga, é um exercício muito útil quando você acorda ansiosa ou tem dificuldades para adormecer. Você também pode usá-la quando estiver presa no trânsito.

A respiração alternada ajuda a relaxar o corpo e a mente, reduz a atividade do sistema nervoso e traz uma sensação geral de bem-estar. "A ciência sugere que você estimula ambos os lados do cérebro, e a sabedoria antiga acredita que você ganha equilíbrio energético com a respiração alternada."[31]

Para começar, feche uma narina e respire pela outra, contando até cinco. Feche ambas as narinas contando até cinco. Então, exale pela outra narina contando até cinco. Repita por algumas rodadas até sentir alívio.

Praticar a respiração alternada pode intervir durante uma crise de pânico e também ajudá-la a se tornar mais focada e consciente. Se você gostar dos efeitos dessa respiração, a prática regular pode ajudá-la a se tornar mais atenta e melhorar sua recuperação.

Substituindo a Proteção Maternal

Os sonhos são janelas para a alma, e, sem falhas, mulheres que sofreram a falta de proteção maternal apresentam padrões de sono e sonhos perturbadores. Ao longo dos meus anos de prática clínica, notei um padrão nesses sonhos. Mulheres que não se sentiram seguras quando eram pequenas sonham com casas inundadas, queimando ou infestadas por roedores. Dentro da casa, elas estão presas e sozinhas. Não há conforto. No entanto, à medida que o tratamento avança, esses sonhos mudam. Eu sei que a cura está acontecendo quando os roedores desaparecem; quando os corredores levam a quartos mágicos que não estavam lá antes; quando, do lado de fora, flores começam a crescer. A casa, que é uma metáfora para o corpo, está florescendo.

Com anos de prática, tenho confiança de que você pode começar a curar seu cérebro com visualização e intenção consciente. Comece quando estiver confortável e em um lugar seguro, talvez bem antes de dormir, à noite. Feche os olhos. Imagine a casa que você vê quando sonha à noite. Como é a sensação de estar dentro dela? Como ela é? O que você precisa dentro e fora desta casa para se sentir segura e aconchegada?

Abra os olhos. Agora, observe imagens de casas bonitas em revistas ou na internet. Foque em imagens que fazem seu coração se alegrar. Quando sentir o espírito se elevar, aproveite essa sensação. A beleza é boa para o seu cérebro. Você está criando uma casa dos sonhos que se tornará o seu lugar seguro — um lugar que aliviará o medo que a acompanha há tanto tempo. Tome o tempo necessário. Seja criativa com este exercício, salvando imagens ou colocando-as ao redor do seu espaço. Você está montando um santuário interno onde não há ameaças.

Quando se preparar para dormir todas as noites, percorra essas imagens em sua mente. Feche os olhos, cubra-se com um cobertor pesado e deixe sua mente imaginar como será viver neste lugar que você projetou. Esse ritual consciente noturno influencia diretamente a sua casa interior. À medida que a paisagem da sua mente melhora, a qualidade do seu sono e do seu humor também se aprimorará ao longo do dia seguinte.

7: ORIENTAÇÃO

Uma filha observa a mãe em busca de pistas sobre como ser mulher. Ela estuda as amigas da mãe, o estilo da mãe, seus maneirismos e os relacionamentos que ela tem com os homens. Dessa forma, a mãe é um guia. Uma mãe que cria uma filha nunca está de folga. Ela orienta pelo exemplo, ensinando sua filha a ser gentil e forte, a amar os outros sem se dar por completo e a cuidar do corpo feminino. Uma mãe que sabe descansar e cuidar de si mesma ensina à filha que ela é valiosa e importante.

Mães mal-orientadas

Antes de discutirmos uma orientação materna saudável, é importante reconhecer os anos de *orientação prejudicial* que as mulheres receberam sobre a maternidade. Dependendo da década, as mães aprenderam que o leite artificial era a melhor nutrição para o bebê e que o método de deixá-los chorar até adormecer era a maneira de ensinar a independência. Gerações de mães bem-intencionadas aprenderam a ignorar seus próprios instintos, passando a confiar nos "especialistas" enquanto navegam pelas emoções que vêm com a maternidade. Tornar-se mãe é uma transição como nenhuma outra, e é trágico que a comunidade médica e os especialistas em desenvolvimento infantil não tenham informações atuais sobre as necessidades de apego precoce. Por essa razão, muitas mães precisam de uma orientação melhor para tomar decisões importantes sobre seus bebês e crianças pequenas.

Frequentemente, as mães procuram psicoterapia quando suas filhas começam a ter problemas, geralmente por volta do ensino fundamental. Durante esses períodos desafiadores, as mães podem parar de trabalhar ou tentar outras formas de se envolver com a filha adolescente, que está em crise. Naturalmente, elas querem guiar suas meninas. Repetidamente, ouço a decepção e surpresa delas quando as coisas não vão bem. Comentários como "Ela não me escuta" ou "Ela está sempre brava comigo" preenchem a sala de terapia enquanto elas se perguntam onde aquela menininha doce foi parar.

Para que a orientação materna seja eficaz, deve haver primeiro um vínculo de confiança. Para as filhas que não tiveram cuidado ou proteção materna desde cedo, o papel importante da orientação materna fica comprometido. Filhas que, desde cedo, aprendem a "engolir" ansiedades de separação ou a se defender sozinhas, têm se virado sozinhas por muito tempo. Muitas têm dificuldade quando a mãe de repente quer se envolver mais. O conflito é natural nesse cenário: a mãe quer ajudar, mas se sente desprezada quando seus esforços não são bem recebidos. A filha fica brava quando a mãe não vê o quanto ela já cresceu. As mães podem exigir respeito com comportamentos controladores ou que causam medo. Isso não é orientação materna. O controle ensina a conformidade. Filhas conformadas correm o risco de se tornar mulheres vulneráveis, sem limites saudáveis ou autoconhecimento, porque aprenderam a apaziguar a mãe.

Quando a orientação materna é prejudicial

A orientação materna é um sacrifício de tempo, sabedoria e energia, sem a garantia de que a filha reconhecerá esse esforço. Na verdade, mães que buscam gratidão ou validação por parte de suas filhas acabam impondo um fardo desnecessário sobre elas no processo de construção de sua identidade. O livro de memórias de Adrienne Brodeur, *Wild Game*, tornou-se um verdadeiro fenômeno literário — uma autobiografia que chamou a atenção por sua prosa lindamente escrita e pela complexa traição emocional que a autora revela. Para nós, ele serve como um excelente exemplo real de como a falta de uma orientação materna saudável pode interromper o desenvolvimento emocional de uma filha e prejudicar sua inocência sexual.

A história começa no verão em que Adrienne completou 14 anos. Tem início com um romance — não o tipo de história que se espera de uma jovem em fase de descoberta, mas um drama no qual os papéis foram distribuídos de forma equivocada. Adrienne não é a protagonista romântica. Esse papel, na verdade, cabe à sua mãe sem limites, Malabar. Com uma intensidade insaciável, Malabar rouba a cena, enquanto sua filha, sua adoradora substituta, observa e imita cada um de seus movimentos.

Através dos olhos atentos de Adrienne, temos um lugar privilegiado para acompanhar o caso de Malabar com Ben, o melhor amigo de seu marido. Testemunhamos Malabar agir como uma adolescente, dominada por sua paixão por Ben. Como acontece com a maioria das pessoas quando se apaixona, Malabar deseja uma testemunha. Alguém com quem compartilhar a emoção. Infelizmente, em vez de recorrer a uma amiga da sua idade ou até mesmo a um terapeuta, Malabar se aproveita da filha, acordando-a no meio da noite para lhe confidenciar seus sentimentos por Ben. Soando mais como uma colegial do que como uma mãe, ela implora: "Você não está feliz por mim, Rennie?". Empolgada por ser escolhida para compartilhar a intimidade da mãe, seguimos o olhar de Adrienne: "Olhei para o rosto dela e em seus olhos, escuros e úmidos de esperança, e, de repente, fiquei feliz por ela. E por mim. Malabar estava se apaixonando, e ela havia me escolhido como sua confidente, um papel que eu não havia percebido que desejava até aquele momento."[1] E assim, nossa narradora sensível e vulnerável se vê envolvida em um triângulo amoroso.

A insaciável ânsia de Malabar por distrações românticas consome o tempo livre da filha, envolvendo-a em seu caso clandestino. Ao compartilhar cada detalhe e tratar Adrienne como uma amiga, Malabar estabelece uma dinâmica na qual a filha sente que "o 'nós' sempre tinha sido minha mãe e eu", e não Malabar e Ben.[2]

Por meio do processo silencioso de espelhamento, as filhas são naturalmente programadas para aprender com a mãe. Idealmente, para que esse aprendizado seja positivo, queremos admirar nossa mãe — sentir-nos inspiradas por ela. Percebemos o desejo de Adrienne de se orgulhar de Malabar enquanto tenta justificar, em sua mente, o caso da mãe.

> Talvez isso pudesse ser algo bom... Talvez, no outono, quando as aulas começassem, minha mãe se arrumasse para a carona. Nada de mais, um casaco sobre o pijama ou marcas de lençol no rosto inchado de quem acabou de acordar. Quem sabe ela escovasse o cabelo, passasse um pouco de brilho nos lábios e cumprimentasse as crianças do nosso trajeto com um animado "Olá", como todas as outras mães.[3]

Mães que usam suas filhas como amigas não apenas abusam de seu poder — elas evitam crescer. Tomam um atalho para a vida adulta. Em vez de enfrentarem as próprias inseguranças e se arriscarem a criar laços com outras mulheres adultas — que poderiam julgá-las ou rejeitá-las —, essas mães se refugiam na proximidade fácil, na vulnerabilidade e na admiração de suas filhas.

O cinema e a literatura frequentemente romantizam a ideia de mãe e filha como melhores amigas. Para contar uma história, Hollywood atribui às crianças traços de personalidade típicos de adultos. Expressões como *mini me/mini eu* ou *bestie/melhor amiga* ao se referirem a uma filha ocultam o papel fundamental da orientação materna. No entanto, a ideia de que mãe e filha podem ser melhores amigas ignora que, entre elas, existe um desequilíbrio de poder. A filha ama a mãe, mas suas necessidades são diferentes das de uma amizade. Ela precisa dos cuidados, da proteção e da orientação da mãe — funções que vão muito além do que se espera de uma amiga.

Fusão emocional

Adrienne compartilha uma verdade marcante para muitas mulheres ao explicar ao leitor que sua mãe era "a pessoa mais central e importante da minha vida, mesmo que eu desejasse que fosse diferente."[4] Nos momentos furtivos que compartilhavam, Malabar explorava a devoção da filha. *Wild Game* é uma exibição impressionante de um tipo insidioso de abuso emocional conhecido como *fusão emocional*.

A fusão emocional ocorre quando um dos pais manipula um filho para atender às próprias necessidades. Salvador Minuchin, terapeuta familiar argentino e criador da terapia familiar estrutural, foi o primeiro a nomear esse conceito para descrever sistemas familiares em que os filhos adultos seguem os interesses ou crenças dos pais em detrimento de sua própria identidade.[5] O dr. Ken Adams aprofunda esse conceito no livro *Silently Seduced*, descrevendo a fusão emocional como incesto emocional ou encoberto. O incesto encoberto acontece quando um dos pais trata o filho como um parceiro. Desta forma, cria-se uma espécie de casamento psicológico, em que a criança desenvolve uma lealdade excessiva ao pai ou à mãe.[6]

As filhas raramente identificam a fusão parental como prejudicial, porque é prazeroso ser escolhida. Ser a filha favorita parece um privilégio. Mas o custo é alto. Quando o cuidado de uma mãe é excessivamente intenso, uma filha fusionada se dedica aos humores, necessidades e desejos da mãe, enquanto perde a chance de conhecer os seus próprios.

Se a fusão emocional descreve sua criação, quero que saiba que é normal se sentir usada e ressentida. Você está cansada. Pode até sentir como se já tivesse vivido um casamento, e por isso evita se envolver em relações íntimas. Inconscientemente, se comprometer com alguém parece uma traição à mãe, ou, sinceramente, é simplesmente exaustivo demais. Se você se comprometer, é comum escolher parceiros pouco inspiradores — assim, você mantém o vínculo primário com a mãe intacto. Aqui está a perda da escolha. Seu corpo está tomando decisões por você, sem que sua mente esteja ciente disso. À medida que reconhece o legado da fusão, pode se afastar do dever de ser a fonte da sua mãe e, então, recuperar sua própria autoridade.

Espelhamento

Cada filha é programada para espelhar sua mãe, absorvendo seus pensamentos, emoções e sonhos para si mesma. "Uma conexão com alguém que elas percebem como sábio e bom, cria possibilidades para que elas também se vejam como boas."[7] Mas algumas mães não têm as ferramentas para oferecer uma orientação amorosa. Quando uma mãe se comporta de maneira problemática (como ter um caso, compartilhar os detalhes com a filha e manipulá-la a participar), o psicológico da filha reflete essa experiência. Esse espelhamento cria culpa e vergonha que não pertencem a ela.

Wild Game pinta um retrato vívido do espelhamento prejudicial enquanto vemos Malabar colocar um legado de culpa e vergonha nas costas de sua filha. Sem se preocupar com o bem-estar de Adrienne, Malabar rouba a inocência da filha e a marca com a infidelidade.

A infidelidade e as mentiras que a acompanham geralmente fazem uma pessoa se sentir culpada. Mas não no caso de Malabar. Ela nunca parece perturbada ou envergonhada por seu comportamento sexual ou pelas escolhas parentais. Não demonstra arrependimento por roubar o tempo da filha, afastando-a da faculdade. Tampouco pede desculpas por envolver Adrienne em uma enorme encenação para encobrir seu caso.

Quando uma pessoa se comporta de maneira desavergonhada, a vergonha desassociada frequentemente acaba sendo transferida para outra pessoa. Michelle Mays, fundadora e diretora clínica do Centro de Recuperação Relacional em Leesburg, na Virgínia, explica essa dinâmica de forma brilhante: "Quando alguém se comporta de maneira ofensiva ou violadora, a vergonha saudável à qual ela não está conectada transborda sobre a parte ofendida (o parceiro traído), que acaba carregando a vergonha do que aconteceu." Nos círculos terapêuticos, chamamos esse fenômeno psicológico de *vergonha carregada*.

Vergonha carregada

Em *Wild Game*, Malabar tem várias vítimas que poderiam carregar sua vergonha, mas Adrienne é a mais jovem e vulnerável. O crime central nesta história é menos sobre a infidelidade conjugal e mais sobre o roubo da infância da nossa narradora. Adrienne é a verdadeira parceira traída, muito mais do que o marido de Malabar, Charles. Vemos Adrienne lutar com a culpa e a vergonha que não lhe pertencem. "Sempre que minha mãe estava fora — supostamente resgatando Julia, mas na realidade ficando em um quarto de hotel com o melhor amigo de seu marido — era minha responsabilidade cuidar de Charles."[8]

Embora Adrienne descreva cuidar de seu padrasto como "não difícil," era um fardo emocional que não lhe pertencia. Malabar a colocou em um impasse psicológico impossível.

> A única parte difícil de cuidar de Charles era a mentira. No começo, era simples. Mas, com o tempo se tornou um fardo pesado. Quando você mente para alguém que ama — e eu amava Charles — e quando você mente tão frequentemente que a mentira parece mais verdadeira do que a própria verdade, você perde a única coisa que importa: a possibilidade de uma conexão real. Eu perdi a capacidade de me conectar com Charles no dia em que a primeira mentira saiu dos meus lábios. Com o tempo, comecei a perder isso comigo mesma também.[9]

Podemos ver a luta de Adrienne. É como se ela fosse a infiel, em vez de sua mãe. Adrienne carrega a vergonha de sua mãe e, no processo, perde sua inocência.

A orientação gravemente equivocada de Malabar se intensifica à medida que ela enfrenta a possibilidade de ser descoberta e perde o controle. Ligando para Adrienne, que está na faculdade, ela exclama: "Ben é tudo para mim. Absolutamente tudo. Minha vida não vale a pena ser vivida se eu o perder."[10] A fusão emocional escala para uma crise à medida que Malabar, sem vergonha, compartilha seus pensamentos mais íntimos, iluminando para Adrienne seu próprio valor aos olhos de sua mãe. "Se Ben era tudo para minha mãe, então o que eu era? Não valia a pena viver por mim também?" No entanto, por outro lado, seu amor e lealdade pertencem a Malabar. Ela teme pela vida da mãe. Ela não tem escolha. Em um transe de Malabar, Adrienne reúne sua preciosa energia, abandona os estudos universitários e resgata sua incansável mãe.

Em *Wild Game*, a orientação materna é de partir o coração à medida que vemos Malabar desorientar Adrienne. Suas lições incluem sedução, segredos e manipulações. Se sua mãe colocou você no papel de sua amiga, você pode ter uma crença inconsciente de que é seu trabalho fazê-la feliz ou afirmar a maneira como ela exerce a maternidade, ou que cabe a você dar significado à vida dela. Você pode lutar com a ambivalência, sentindo-se culpada por querer o seu próprio espaço.

Treinamento de feminilidade e orientação materna

A orientação materna recebe pouco respeito cultural, por isso muitas mães bem-intencionadas ficam confusas sobre como modelar a força feminina para suas filhas.

O treinamento de feminilidade, ou aprender o "código das meninas", impacta não apenas o trabalho que as mulheres realizam, mas também como as mulheres devem se comportar em relação aos homens. O código das meninas ensina as mulheres a servir, seduzir e se submeter aos homens, enquanto competem entre si pela atenção masculina. Mães que têm consciência dessas mensagens culturais tentam minimizar o impacto do código das meninas em suas filhas. Ao monitorar a exposição à mídia, compartilhar as tarefas domésticas com seus parceiros e filhos, e celebrar as conquistas e talentos de suas filhas, as mães sábias fazem o possível para atenuar o treinamento de feminilidade prejudicial. No entanto, gerações de herança materna podem passar o código das meninas entre mães e filhas, apesar de grandes esforços, infectando silenciosamente a orientação que as mulheres fornecem. A orientação materna comprometida se manifesta de diversas maneiras, algumas das quais incluem:

- Competir com as filhas pela atenção do parceiro;
- Carregar o peso das tarefas domésticas com ressentimento;
- Mostrar preferência pelos filhos em relação às filhas;
- Fugir da realidade com comportamentos viciantes e secretos.

Compreensivelmente, as mães podem lamentar silenciosamente a perda de sua própria juventude e beleza ao testemunharem suas filhas se tornando mulheres jovens. Mas as filhas perdem uma guia confiável quando as mães gerenciam mal esse rito de passagem e roubam a alegria das suas filhas, que estão florescendo, competindo com elas. Nesse processo, as mães, às vezes, ensinam as filhas que as mulheres não podem ser confiáveis.

Influência cultural como orientação

Sem uma orientação materna saudável, as filhas ficam à mercê das influências culturais que constroem a feminilidade. Ser mulher é biologia, mas "feminilidade" é uma criação social e cultural baseada em múltiplos fatores sistêmicos. Por gerações, as mulheres aprenderam que o valor vem de ser agradável e atraente. E embora as opções de educação e carreira se expandam, demonstrações de raiva no ambiente de trabalho são reservadas para os homens. A mídia é parte do treinamento de feminilidade, pois o "olhar masculino" usa o corpo feminino para marketing e entretenimento. Marissa Korbel, editora da revista *Rumpus*, faz um trabalho notável explicando como as mulheres são impactadas pelo treinamento de feminilidade ao descrever sua própria experiência:

> Por um lado, [a cultura me dizia] que eu tinha agência, autonomia e responsabilidade sobre o meu corpo, minhas escolhas, minha vida. Por outro lado, [a cultura maior me ensinava que] eu não sabia realmente o que era melhor para mim. Eu não era confiável para dizer o que as coisas eram de fato. Minha mãe sabia mais, assim como meu pai e meus professores. Os mais velhos em geral. E então, quando se tratava do meu desejo, os homens sabiam, ou deveriam saber, melhor do que eu. Exceto os maus. Se ao menos fosse mais fácil saber quais eram os maus.[11]

A programação cultural impacta mães e filhas, complicando a orientação materna quando se trata de sexualidade. Como aprendizes de nossas mães, formamos uma bússola interna que direciona nossos desejos e sentimentos sobre nosso corpo ao observá-las. Muitas de nós nos sentimos confusas à medida que nosso corpo se desenvolve e começamos a sentir desejo sexual. Presas em um dilema sexual e social que nos pede para sermos boas (santas, puras e sacrificiais) e más (sensuais, eróticas e sedutoras) ao mesmo tempo, não sabemos como navegar os sentimentos eróticos de uma maneira saudável. Quando nossa mãe não fez as pazes com esse dilema, ficamos sozinhas para encontrar outras orientações.

Pai e filha

Quando o pai participa da criação, a filha sempre se beneficia. Pesquisas mostram que o pai que valoriza os relacionamentos têm maior probabilidade de criar uma filha com apego seguro. O papel principal do pai é proteger e apoiar a mãe para que ela possa construir uma base para a filha nos primeiros meses e anos. Uma vez que consolidada essa base, os pais ganham mais espaço na criação. Pesquisas indicam que a sensibilidade do pai durante as brincadeiras é uma parte essencial do processo de apego com a criança, assim como a sensibilidade materna no cuidado.[12] A brincadeira é a linguagem do amor e da orientação paterna.

A orientação paterna, por meio de elogios, limites saudáveis e tempo compartilhado, aumenta a confiança da filha. Estudos mostram que, se um pai aprecia sua filha e incentiva seus pontos fortes naturais, ela tende a se ver como uma pessoa capaz. Pesquisas indicam que filhas de pais que participam dos deveres de casa e as encorajam a cursar disciplinas desafiadoras apresentam níveis mais altos de sociabilidade, melhor desempenho escolar e menos problemas de comportamento. Curiosamente, filhas de pais assim também têm mais chances de conseguir empregos bem remunerados na vida adulta.[13]

Infelizmente, alguns pais, por falta de orientação, competem pelo amor e pela devoção da filha. Eles esquecem uma verdade fundamental: cada pai ou mãe tem um papel único e necessário. Ambos não podem ser o "favorito" o tempo todo. É benéfico quando os pais se revezam como principais guias. Filhas amam o pai ou cuidador incondicionalmente e deseja sua felicidade. No entanto, quando os pais não têm clareza sobre o propósito e esperam que a filha escolha um deles em detrimento do outro, isso se torna injusto. Se seus pais a colocaram nessa posição, é provável que você carregue uma tristeza profunda por ter sido colocada no meio de suas inseguranças. Parte do seu processo de cura envolve abandonar esse fardo emocional que nunca deveria ter sido seu.

Influência paterna na orientação sexual

As filhas aprendem sobre sexo tanto com o pai quanto com a mãe. Durante o crescimento, uma filha observa como o pai trata sua mãe para entender como os homens se relacionam com as mulheres. Quando um pai dedica tempo à mãe, deixando de lado seus hobbies e trabalho, a filha percebe que a mãe é uma prioridade para ele. Quando um casal demonstra afeto, brinca junto e demostram carinho um pelo outro, a filha ganha uma proteção poderosa contra as mensagens culturais predominantes fora de casa.

No entanto, os pais também são produtos da cultura e das ideologias que influenciam nosso cenário sexual, como discutido no capítulo 5. Por isso, não é incomum que as filhas testemunhem seus pais julgando e comentando a aparência das mulheres. Pais que não reconhecem seu impacto e sua responsabilidade na orientação sexual podem, por exemplo, levar "conversas de vestiário" para a mesa de jantar ou flertar com garçonetes em um restaurante. Filhas de pais assim aprendem que o poder feminino está ligado ao apelo sexual e que ser sexy atrai atenção. Essas demonstrações explícitas de padrões duplos de sexualidade ensinam à filha como se comportar, reforçando as mensagens culturais dominantes sobre o papel da mulher.

Guiar meninas em direção a uma sexualidade saudável parece uma tarefa impossível em um mundo onde a pornografia está disponível com tanta facilidade e privacidade — e não é necessariamente vista como um problema. Recentemente, uma colega me contou que sua cliente exclamou: "Eu assisto pornografia desde os 12 anos de idade... agora finalmente posso fazer parte disso!" Uma cliente minha, Maria, que tem doutorado e uma carreira agitada, me disse que o momento em que sentiu mais poder na vida foi quando trocou sexo por dinheiro no início dos seus 20 anos. "Ele nunca admitiria, mas se meu pai pudesse me ver trabalhando, teria sentido orgulho." A percepção de Maria sobre como o pai poderia se sentir em relação ao seu trabalho sexual pode ou não estar correta, mas a mensagem é clara: sexo, homens e poder estão interligados.

Vergonha sexual

Todas as mulheres em uma cultura patriarcal são altamente suscetíveis à vergonha sexual, mas o legado de mensagens sexuais prejudiciais pode ser ainda mais intenso para grupos marginalizados. Mulheres negras e lésbicas, que não se encaixam nas normas heterossexistas brancas, tornam-se alvos de atenção sexual indesejada na mídia e no cinema. Mulheres lésbicas muitas vezes são forçadas a confrontar ativamente sua sexualidade de maneiras que mulheres heterossexuais não precisam enfrentar.[14] Para uma mulher lésbica, a questão da orientação materna é ainda mais complexa, pois ela busca na mãe uma forma de compreender a si mesma. Mães e filhas já enfrentam dificuldades para lidar com o tema da sexualidade, mas quando a homofobia entra em cena, cria-se um cenário propício para que a Fome de Mãe se intensifique e corroa o núcleo da identidade da filha. Quando a identidade sexual ameaça o sentimento de pertencimento, é natural que as filhas ocultem a verdade da mãe para evitar uma possível rejeição. Filhas que não podem recorrer às mães para falar sobre sexo e tirar dúvidas, por qualquer motivo, tendem a levar uma vida secreta — o que, além de solitário, pode ser um terreno fértil para vícios e outros comportamentos prejudiciais.

Fome de Mãe e a perda da orientação materna

Como filha, talvez você tenha sentido a falta da orientação materna de que precisava.

Talvez tenha aprendido que não era seguro ser diferente — pode ter percebido a esperança oculta de sua mãe de que você fosse exatamente como ela. Para evitar críticas, você aprendeu a dobrar a roupa do jeito dela, arrumar o cabelo como ela queria e se manter afastada quando ela estava estressada. Aprendeu a guardar suas opiniões para si mesma, caso fossem diferentes das dela.

Ou talvez sua mãe precisasse que você fosse melhor do que ela, que superasse suas próprias limitações. Você tinha que ser *incrível* para que ela se sentisse melhor consigo mesma. Ela não tinha paciência para seus erros naturais, porque seu comportamento refletia sua capacidade como mãe. A vida que ela não viveu tornou-se a sua, objetivos que você deveria concretizar.

Se você se identifica com a falta de uma orientação materna adequada, pode frequentemente sentir ansiedade, pois seu comportamento e suas conquistas podem não refletir seus verdadeiros desejos. Talvez sua vida pareça mais um projeto para enaltecer sua mãe do que uma jornada própria. A ausência de orientação materna pode levar a algumas das seguintes características:

- Cuidar excessivamente dos outros em relacionamentos;
- Insegurança profunda;
- Dificuldade em tomar decisões que reflitam seus próprios desejos;
- Culpa constante e a sensação de nunca ser suficiente (para sua mãe);
- Comparar-se o tempo todo com outras meninas e mulheres;
- Insatisfação com sua imagem corporal e aparência;

- Lealdade a pessoas abusivas, geralmente sua mãe ou pessoas parecidas com ela;
- Envolvimento excessivo com seus próprios filhos, alternado com períodos de abandono para cuidar da sua mãe.

Sem uma orientação materna saudável, é difícil integrar plenamente quem você é e reconhecer seu próprio valor. A dra. Christiane Northrup escreve: "Nossa cultura transmite às meninas a [falsa] mensagem de que seus corpos, suas vidas e sua feminilidade exigem um pedido de desculpas."[15] Isso torna o pertencimento um desafio.

Mais do que tudo, queremos pertencer e ser incluídas entre outras mulheres. Mas, ao longo do caminho, podemos descobrir que pertencer significa esconder nossa força. Para nos encaixar, diminuímos nosso próprio brilho. Em uma cultura que desvaloriza qualidades como empatia, colaboração e conexão, assumir essas características pode parecer uma vulnerabilidade.

Parte da dor e do anseio da Fome de Mãe está na busca pelo poder da sua mãe. Curar-se significa reivindicar seu próprio poder de maneira saudável e construtiva. Tornar-se a autoridade da sua vida pode exigir a busca por novos guias e modelos — pessoas que a inspirem. Curar a Fome de Mãe lhe dá a oportunidade de reconstruir sonhos e objetivos que foram prejudicados — e de nunca mais pedir desculpas por ser mulher.

Encontrando Orientação

- Quais as vantagens de ser mulher?
- Quais as desvantagens de ser mulher?
- Quando outra mulher me defendeu? Como me senti?
- Quando foi a última vez que defendi ou apoiei outra mulher?
- O que as mulheres realmente são?
- Você admirava sua mãe?
- Sua mãe tinha amizades com outras mulheres? Eram relações felizes?
- O que você aprendeu sobre sexo com sua mãe e outros cuidadores?
- Há alguma mulher que você admire e em quem confie em sua vida?

Com base nas respostas das perguntas acima, você pode identificar onde precisa de orientação. Orientação exige um modelo. Quem em sua vida parece ter passado pelo problema que você está enfrentando? Como ela trata as amigas? Outras mulheres gostam dela?

Quando encontrar um modelo, passe um tempo com essa mulher. Se for alguém na TV ou em um filme, imagine o que ela faria. Substituir a orientação materna é a sua chance de escolher mulheres que você admire e aprender com elas.

8: FOME DE MÃE DE TERCEIRO GRAU

Após alguns anos de trabalho próximo a mulheres que sofriam com a Fome de Mãe, percebi um espectro diversificado dessa ferida. Embora a Fome de Mãe seja universalmente desagradável para todos, algumas formas de Fome de Mãe são mais graves do que outras. **Aviso: Este capítulo revela o que acontece quando as filhas experimentam crueldade materna. Se essa não for a sua história, talvez seja melhor pular esta seção.** Se você sobreviveu a uma mãe abusiva, este capítulo é para você. Ele validará seu desespero, mas também será difícil de ler. A cura — identificar, lembrar — pode ser tão dolorosa quanto o abuso original.

Judy e Édith

A Fome de Mãe de Terceiro Grau ganhou vida nas telonas em duas interpretações premiadas de mulheres icônicas que trouxeram a canção aos nossos corações: Renée Zellweger como Judy Garland no filme *Judy*, vencedor do Oscar em 2019, e Marion Cotillard como Édith Piaf em 2007 no filme *La Vie en Rose*. Ambos os filmes incríveis retratam vividamente duas garotas que sofreram crueldade materna e abandono nos primeiros 24 meses de vida. Filhas de mulheres que não queriam ser mães, que não podiam cuidar delas, ambas garotas sofreram imensamente enquanto tentavam seguir com suas vidas. Tragicamente, e com uma semelhança assustadora, ambas morreram muito jovens.

Judy Garland, a querida Dorothy em *O Mágico de Oz*, faleceu aos 47 anos devido a complicações relacionadas ao álcool e às drogas. Édith Piaf, às vezes chamada de a Judy Garland francesa, também morreu aos 47 anos devido a complicações no fígado relacionadas ao abuso de drogas e álcool. Numa vida curta e problemática, ambas as mulheres enfrentaram imensos desafios, casando e se divorciando várias vezes, ganhando e perdendo dinheiro, e lutando contra problemas de saúde, incluindo dependências.

Aos 11 anos, Judy Garland "cantava como uma mulher três vezes mais velha, com um coração partido".[1] Édith Piaf, adorada pelo povo francês, também tinha uma voz surpreendentemente madura quando criança, e mesmo com apenas 7 anos de idade, já conquistava o coração dos transeuntes ao cantar nas ruas.[2]

Os pais de Judy eram artistas de vaudeville que já tinham duas filhas e não queriam outro bebê. Quando descobriram uma nova gravidez, procuraram alguém para fazer um aborto, mas não tiveram sucesso. Judy veio a este mundo frio e cruel, sem cuidado e proteção. Ela já estava ensaiando e se apresentando com suas irmãs aos 3 anos, e, aos 10, sua mãe já lhe dava pílulas para emagrecer durante o dia e sedativos à noite para mantê-la submissa. A Barbara Walters, Judy compartilhou uma história tocante sobre um episódio vivenciado com a mãe: "Ela dizia: 'O você sai daí e canta ou eu te amarro na cabeceira e te quebro ao meio!'"[3]

Como Judy, Édith nasceu de uma artista — uma cantora de rua — que não estava pronta para ser mãe. Quando bebê, Édith foi deixada com sua avó materna, idosa e doente. Édith quase morreu de complicações de meningite e fome. Eventualmente, um parente a encontrou cheia de piolhos e a levou para morar com a avó paterna, que tinha um bordel. Embora não fosse um lugar que normalmente seria considerado adequado para uma menina, foi lá que ela encontrou o primeiro conforto que jamais conhecera. Uma jovem mulher que trabalhava como prostituta acolheu Édith e lhe deu afeto e ternura. Mas, aos 7 anos, seu primeiro vínculo amoroso terminou abrupta e tragicamente quando seu pai apareceu e a levou para viajar e se apresentar com ele no circo.

Sem o carinho materno, ambas eram crianças vulneráveis aos homens ao redor. Louis Mayer, o diretor do estúdio MGM, teve muito acesso à educação de Judy. Ele restringiu sua comida, a apelidou de "minha corcunda" (fazendo piada de sua coluna curvada), e abusou dela sexualmente.[4] Édith também sofreu violência sexual, mas por parte do pai biológico. Assim como Judy, a postura de Édith nunca foi totalmente correta, pois ela também tinha a coluna curvada. Ela sofreu com frequente fome e negligência crônica, e aos 17 anos, deixou o pai e o circo para seguir seu caminho, cantando nas ruas de Paris.[5]

Em uma entrevista, Judy Garland compartilhou: "as únicas vezes em que me senti desejada quando criança foi quando estava no palco, me apresentando" e se referiu à sua mãe como a "verdadeira Bruxa Má do Oeste".[6] Da mesma forma, Édith Piaf prosperava com o retorno do público, que lhe dava uma sensação de pertencimento. Ela floresceu quando um proprietário de clube noturno a descobriu e a levou para o palco. Sua carreira estava apenas começando, quando ela engravidou e deu à luz uma menina, aos 18 anos. Repetindo o comportamento da mãe, ela frequentemente abandonava sua filha, priorizando o palco e deixando os deveres maternos para o pai da criança. Tragicamente, sua filha morreu de meningite pouco antes de completar dois anos.[7]

Da mesma forma, Judy vivenciou uma gravidez precoce. Ela fez seu primeiro aborto aos 19 anos, e o segundo, antes de dar à luz sua primeira filha, aos 23. Na primeira de muitas tentativas de suicídio, aos 28 anos, Judy cortou sua garganta. Usando uma garrafa de vidro quebrada, ela encenou o legado epigenético de uma mãe que queria cortar seu bebê de seu corpo. Ela compartilhou que perdeu sua autoconfiança e que tudo o que queria era comer e se esconder. Judy teve cinco casamentos infelizes, o último com um homem 20 anos mais jovem.[8]

O último marido de Édith Piaf, após muitos relacionamentos infelizes, também tinha 20 anos a menos do que ela.[9] Ambas as mulheres eram dependentes de drogas e álcool ao longo de suas vidas, e apesar da renda que acompanhava a fama, lutaram contra a falta de moradia e dívidas. Ambas enfrentaram problemas de saúde terríveis, que incluíam hepatite, exaustão, doenças renais, "colapsos nervosos", oscilações de peso e múltiplos ferimentos físicos.

Como adulta, Judy ficou tão debilitada que perdia apresentações, se atrasava ou subia no palco dopada por drogas e álcool. Seus fãs adoradores perderam o respeito por ela. Em uma ocasião, ela foi vaiada no palco enquanto as pessoas jogavam comida.[10] O único lugar onde ela já havia se sentido amada se tornou um pesadelo. Assim como Judy, as últimas apresentações de Édith foram uma exibição desesperada de problemas de saúde e vícios. Altamente dopada com morfina e álcool, ela lutava para se manter em pé e lembrar suas músicas. Apesar de um fim triste, sua morte foi lamentada por toda a França, com milhares de pessoas fazendo fila ao longo do percurso do cortejo fúnebre.[11]

Trauma complexo

Assim como Judy Garland e Édith Piaf, mulheres com formas extremas de Fome de Mãe apresentam sintomas de transtorno de estresse pós-traumático complexo

(TEPTC). O TEPTC difere do transtorno de estresse pós-traumático (TEPT) porque é causado por traumas repetidos. Quando crianças sofrem abusos parentais, os incidentes raramente são eventos isolados, e o trauma na infância é contínuo. A natureza prolongada desse tipo de adversidade cria sintomas desafiadores e duradouros que podem não desaparecer, pois viver com medo constante altera o cérebro durante os períodos de rápido crescimento. Na pesquisa de Judith Herman sobre transtorno de estresse pós-traumático complexo, ela documenta adultos que recebem tratamento psiquiátrico, observando que "sobreviventes de abusos na infância apresentam significativamente mais insônia, disfunção sexual, dissociação, raiva, suicídio, automutilação, dependência de drogas e alcoolismo do que outros pacientes".[12]

Se você cresceu com uma mãe que era cruel e assustadora, o comportamento dela exigia que o seu sistema nervoso autônomo permanecesse em constante alerta. Sob ameaça constante, as vias cerebrais desenvolvidas para comportamentos sociais ficaram em segundo plano, enquanto as vias destinadas à segurança assumiram o controle. Neurônios não utilizados se tornaram mais fracos e menos capazes de transmitir sinais que regulam a atenção e o humor. Ao mesmo tempo, as vias projetadas para a autopreservação ganharam força para mantê-la alerta aos sinais de perigo. O trauma complexo explica por que você era agitada, enérgica, ansiosa ou irritada quando criança e ainda pode se sentir assim como adulta. Como alguém que antecipa um golpe, seu corpo e mente estão programados para a guerra.

Quando você entende que seu sistema nervoso foi moldado pelo medo constante e precoce, e que seu corpo está fazendo o seu trabalho para protegê-lo, isso pode ser muito empoderador. Reações que poderiam fazê-la se sentir envergonhada e diferente dos outros começam a fazer sentido. Você não está quebrada. Seu corpo está simplesmente biologicamente programado em modo de proteção e responde rapidamente, abaixo da sua consciência, a qualquer coisa que seja um lembrete do abuso da infância. Em outras palavras, você não "escolhe" uma reação que pode ser extrema ou assustadora para si mesma e para os outros. Sua resposta é automática e somática (baseada no corpo).

Enquanto a neuroplasticidade do cérebro oferece a possibilidade de mudar e curar essas reações, adultos com TEPTC enfrentam um processo de cura mais rigoroso do que aqueles com formas mais leves de Fome de Mãe. Por essa razão, dou um nome separado a formas extremas de Fome de Mãe como essas — um nome que captura o que é sobreviver à perda completa de cuidado materno, proteção ou orientação. Um nome para iluminar a paisagem desolada de medo crônico e isolamento. Um nome para uma dolorosa queimadura relacional. O legado do abuso materno é o que chamo de *Fome de Mãe de Terceiro Grau.*

A Fome Materna de Terceiro Grau compartilha sintomas com transtornos de personalidade, como transtorno de personalidade borderline, transtorno bipolar e transtorno dissociativo de identidade. Mas eu não considero a Fome de Mãe de Terceiro Grau um transtorno; é uma profunda lesão de apego que cria uma constelação de sintomas que tornam a vida insuportável.

Padrões de instabilidade nos relacionamentos — idealizando alguém em um momento, mas no momento seguinte vendo a mesma pessoa como cruel — são normais para aqueles com Fome de Mãe de Terceiro Grau. Medo de abandono, dificuldade para dormir, distúrbios alimentares, problemas de humor e dificuldade em encontrar sentido na vida são todos parte do estresse pós-traumático complexo e da Fome de Mãe de Terceiro Grau. O vício em algo ou alguém pode parecer uma tábua de salvação. Pensamentos suicidas e automutilação também podem ser vistos dessa maneira.

Como adultas, mulheres com Fome de Mãe de Terceiro Grau frequentemente sofrem sintomas físicos, assim como sintomas psicológicos de trauma. Os sintomas físicos podem incluir dor crônica nas costas e pescoço, fibromialgia, enxaquecas, problemas digestivos, cólon espástico ou síndrome do intestino irritável, alergias, distúrbios na tireóide e outros problemas endócrinos, fadiga crônica e algumas formas de asma. Esses sintomas podem explicar alguns dos aumentos notáveis de problemas médicos revelados pelo dr. Felitti no estudo ACE original. Para aquelas com Fome de Mãe de Terceiro Grau, não há uma experiência corporal de conforto ou segurança, porque a pessoa que deveria ser nossa fonte de conforto se tornou nossa fonte de medo.

Sinais mal-interpretados do trauma complexo

Embora algumas mães sejam cruéis, acredito que a crueldade materna não seja um desejo calculado de machucar a criança. Mães abusivas frequentemente sofreram seu próprio trauma, que é herdado e transmitido de geração para geração. No entanto, se você é filha de uma mãe cruel, o *motivo* de sua crueldade não importa para a menina que existe dentro de você. Não fazia sentido enquanto você crescia, e talvez não faça agora. Simplesmente dói. Mesmo que você entenda que a crueldade de sua mãe não foi intencional, a dor que ela causou é real, é profunda e precisa de reparação.

A Fome de Mãe de Terceiro Grau vem de ter uma mãe fragilizada que te assustou nos anos em que você dependia dela. Em vez de nutrir, proteger ou guiar, ela gritava, batia, envergonhava ou te abandonava. Como resultado, sua relação consigo mesma e com os outros é devastada. Mudanças de humor terríveis te surpreendem e a qualquer pessoa próxima a você. Você tem explosões periódicas de energia, mas não sabe para onde direcioná-la. As noites são assustadoras e o sono é difícil. Por dentro, você carrega uma confusão angustiante sobre suas necessidades e desejos básicos e um profundo sentimento de falta de pertencimento que cria uma necessidade ardente de fuga emocional.

Diante de um conjunto de comportamentos que imitam transtornos de personalidade, profissionais bem-intencionados nem sempre conseguem ajudar. Talvez você tenha encontrado alívio temporário por meio de um diagnóstico clínico ou medicação, mas isso raramente é duradouro. Isso ocorre porque o diagnóstico de um transtorno de personalidade não aborda a ferida original por trás de seus comportamentos. Sem uma resposta sensível e bem treinada à causa raiz da sua reatividade, você continua a acordar com sintomas perturbadores e incessantes. Você ainda carrega sinais de uma dor profunda que ninguém pode ver e que ninguém quer discutir.

Sobreviver a uma mãe perigosa é um trauma quase indescritível, difícil de reconhecer. Talvez não consigamos perceber isso porque, lá no fundo, dentro de cada um de nós, há uma criança que lembra da vulnerabilidade de ser completamente dependente, e a ideia de que uma mãe possa trair essa dependência é aterradora. Isso desperta um medo instintivo em nosso cérebro de mamíferos. A impotência e a devastação causadas por uma vida com a Fome de Mãe de Terceiro Grau são a razão pela qual acredito que ter uma mãe perigosa e assustadora é a maior adversidade que uma criança pode enfrentar.

Traição

Sabemos que nem todas as crianças que passam por eventos horríveis e adversidades desenvolvem sintomas de estresse traumático. Isso ocorre por um fator determinante: se um adulto familiar e consistente pode ajudar a dar sentido ao que está acontecendo, as crianças podem tolerar a adversidade. Mas quando a mãe *é* a fonte do medo, seu amor *é* o evento traumático. E não há como entender isso. O perigo se funde com o amor. Instintos de autopreservação cedem à necessidade predominante de vínculo, criando o que é conhecido como um *vínculo de traição* com a mãe.

Quando o amor de uma mãe é ameaçador, seu corpo lembra da dor em um nível molecular. Uma mãe abusiva gera estresse traumático, porque sua capacidade de lidar com a situação se torna sobrecarregada e você é muito jovem para se proteger. Como o amor de uma mãe é sua principal defesa contra adversidades, quando ela é a ameaça, seus cuidados se tornam uma traição relacional profunda.

Para estabelecer um vínculo com uma mãe cruel, nossa imaginação misericordiosa trabalha incansavelmente para criar uma mãe diferente da que temos. Criamos uma que nos ama, uma que está cuidando de nós, uma que não está traindo nossa vulnerabilidade. Nosso cérebro projeta uma mãe diferente para nos ajudar a lidar com o medo constante. Tristemente, a serviço do vínculo, essas mudanças cerebrais necessárias criam problemas de personalidade a longo prazo. Sobreviver à Fome de Mãe de Terceiro Grau pode ter deixado você com padrões dissociativos automáticos, vergonha crônica e a propensão a se envolver em relacionamentos com pessoas que traem você.

Reconhecendo o abuso

Descrever uma mãe abusiva não é fácil. Não gostamos de pensar em mães que machucam seus filhos. A ideia é tão repulsiva que nossa negação coletiva nos protege do conhecimento de que isso acontece. De tempos em tempos, vemos nos noticiários sobre tragédias causadas pela negligência materna ou assistimos a um filme em que uma mãe destrutiva é retratada, mas, na maior parte do tempo, negamos que mães causem danos a seus filhos.

Com frequência, mulheres me enviam e-mails depois de conhecerem a Fome de Mãe de Terceiro Grau, descrevendo as próprias experiências:

> Sinto que deveria estar feliz, mas não estou. Sinto uma dor e uma tristeza muito profunda pelo que nunca foi e jamais será. É difícil aceitar que sou digna de amor, mesmo não tendo sido amada. Sinto uma tristeza imensa e uma solidão avassaladora, ao mesmo tempo em que celebro minha própria capacidade de maternar, amar e cuidar. Parece uma ferida oculta, latejante e aberta, que eu já deveria ter superado, mas que carregarei dentro de mim por toda a vida.

Ou esta:

> Minha própria mãe me queimou na fogueira e me culpa por ter acendido o fogo. É uma história muito, muito longa. Não tenho contato com ela há mais de uma década. Gostaria que essa dor desaparecesse.

Para compreender e curar a Fome de Mãe de Terceiro Grau, é útil falar sobre os diferentes tipos de abuso, pois, para muitas de vocês, esses comportamentos podem parecer normais. É impossível desenvolver novas habilidades de proteção se você não tiver consciência de como foi ferida e do quanto precisa de ajuda.

Abuso emocional

Definir abuso emocional é complicado porque não conseguimos ver a lesão propriamente dita. Para começar, vamos relembrar o que já discutimos sobre as necessidades infantis. Como a falta de cuidados e proteção adequados altera a estrutura do cérebro, sua ausência é prejudicial. A falta de cuidados e proteção configura negligência, e a negligência é uma forma de abuso emocional. Às vezes, a negligência é uma forma "silenciosa" de abuso — não é evidente, pois acontece de maneira privada. Isso explica por que pode levar décadas para identificar, compreender e se recuperar desse tipo de abuso emocional.

Como vimos no capítulo 7, quando uma mãe trata a filha como uma amiga, isso também é uma forma de abuso emocional. A mãe que diz à filha: "Você é tudo para mim... Não sei o que faria sem você" não está exercendo a maternidade. Ela está criando um vínculo emocional confuso para a criança. Ao ouvir essas palavras, a criança pode se sentir especial (*Sou a favorita*), o que, a princípio, parece bom, mas acaba levando à decepção e ao afastamento do restante da família. Ela também pode sentir medo (*Será que minha mãe está bem?*) ou um senso exagerado de obrigação (*Eu pertenço à mamãe; é minha responsabilidade protegê-la e mantê-la feliz*). Essa criança pode crescer sentindo que está traindo a mãe se desenvolver outros interesses, fizer amizades ou desejar se mudar.

Os insultos verbais são formas "barulhentas" de abuso emocional. Comentários cruéis, como "Eu queria que você nunca tivesse nascido" ou "Você é burra", impactam o corpo como um tapa físico.

Formas mais sutis de abuso emocional, como um olhar de desprezo ou um abraço rejeitado, são difíceis de identificar, mas também deixam cicatrizes, pois representam a forma mais básica de rejeição. Quando uma mãe rejeita ou humilha a filha, pode não haver testemunhas. Ser deixada sozinha para tentar compreender esses sentimentos negativos intensifica ainda mais a dor.

Mães emocionalmente abusivas raramente reparam o dano que causam, e a falta de reconhecimento é o que gera um trauma psicológico duradouro.

A definição de *trauma* vem de uma palavra grega que significa "ferida", "uma lesão no corpo, na mente ou no espírito". Corpo, mente e espírito estão todos envolvidos com as emoções. Obviamente, não podemos ver uma lesão na mente ou no espírito da mesma forma que enxergamos um corte ou um hematoma. O trauma emocional é difícil de mensurar exatamente por essa razão. Mas o abuso emocional é psicologicamente traumático porque trai um dos papéis fundamentais da parentalidade: ele viola a confiança. Sem a capacidade de confiar no amor materno, as filhas não sabem como amar a si mesmas.

Sem uma rede de segurança emocional, o cérebro em desenvolvimento da criança se concentra em encontrar segurança em outro lugar, em vez de brincar, relaxar ou criar vínculos com os outros. Dessa forma, uma mãe emocionalmente abusiva distorce a vida interior da filha, criando adaptações de personalidade que podem causar problemas futuros. Por exemplo, meninas com mães abusivas têm dificuldade em fazer amizades. Elas lutam para confiar. A ativação prolongada do sistema de resposta ao estresse (decorrente da falta de confiança) prejudica a arquitetura cerebral em desenvolvimento, tornando difícil gerenciar emoções, estados de humor e pensamentos. Meninas com Fome de Mãe de Terceiro Grau não se sentem seguras e demonstram isso. Às vezes frias e frágeis, outras vezes infantis e dóceis, mulheres com Fome de Mãe de Terceiro Grau apresentam um desenvolvimento emocional congelado e fragmentado. Isso explica por que filhas de mães abusivas podem ser imprevisíveis ou pouco confiáveis. Reagir à vida com a mente de alguém jovem e amedrontado é o legado do abuso; não uma indicação de caráter ou valor.

Abuso físico

O contato físico entre mãe e filha faz parte dos cuidados essenciais. O toque materno é tão necessário quanto o alimento. No entanto, quando esse toque é desrespeitoso ou agressivo, ele deixa um impacto prejudicial que pode durar a vida inteira. O caso de Caroline é um bom exemplo.

Quando era pequena, Caroline lembra do medo de se afogar enquanto sua mãe lavava seu cabelo. "A água entrava no meu nariz, eu não conseguia respirar, mas ela continuava segurando minha cabeça debaixo d'água." Caroline chorava e protestava, mas isso não impedia a agressão da mãe.

Na vida adulta, Caroline tem dificuldade para lavar o próprio cabelo e frequentemente passa vários dias sem tomar banho. Ela também evita cuidados médicos e sente um medo intenso de hospitais e agulhas.

Caroline sofreu diversas doenças na infância e lembra de acordar nos dias de consulta médica com uma sensação pesada, seu corpo tenso e frio. Ela odiava o cheiro antisséptico da clínica e, assim que entrava, começava a entrar em pânico, procurando uma saída. Mas sua mãe segurava firme em seu braço. "Pare de se preocupar", insistia, a apertando ainda mais.

Façamos uma pausa. Pense na última vez em que você sentiu medo. Ajudou quando alguém simplesmente disse para você parar de se preocupar?

Caroline lembra-se de olhar para o rosto da mãe e ver as sobrancelhas franzidas, os lábios cerrados e um olhar frio. "Comporte-se, você está me envergonhando," rosnou a mãe. Em uma visita específica, quando o médico chegou, Caroline conseguiu se soltar da mãe. Ela não se lembra para onde estava indo, apenas que estava correndo. A mãe a alcançou e lhe deu uma surra no meio do corredor da clínica.

Ao relembrar esse incidente em uma sessão, a mente de Caroline fica em branco, mesmo enquanto seus olhos se enchem de lágrimas. Seu cérebro, de forma instintiva, dissocia-se para escapar da dor ainda latente. Cubro seu colo com um cobertor pesado e me sento em silêncio no chão ao seu lado. Depois de alguns momentos, seu corpo começa a se acalmar. Quando sua respiração volta ao normal, me levanto e lentamente começo a dessensibilização por meio de movimentos oculares (*eye movement desensitization* ou EMDR) para ajudá-la a processar o terror aprisionado em seu corpo.

O tratamento agressivo e invasivo da mãe de Caroline é, sob qualquer perspectiva, um caso de abuso físico e deixou nela uma queimadura relacional de terceiro grau, que até hoje ela busca curar.

Palmadas

Por muito tempo, as palmadas foram consideradas uma maneira adequada de "treinar" uma criança, mas, finalmente, isso está acabando. Embora as surras possam parecer eficazes a curto prazo, não há nenhum estudo que comprove que dor física leva a resultados positivos a longo prazo. As pesquisas sugerem que os pais que batem em seus filhos, na verdade, não conseguem regular as próprias emoções. Bater é um atalho, um desvio emocional para escapar do desconforto, da raiva ou da impotência dos pais. Eles justificam as surras de várias maneiras, mas isso é um abuso de poder. Elas geram medo, agressividade, humilhação e retraimento nas crianças. Bater em uma criança é o oposto de cuidar, proteger ou guiar.

Em um estudo com crianças submetidas rotineiramente a procedimentos médicos dolorosos, como injeções para alergia ou coletas de sangue, a angústia antecipatória antes do procedimento doloroso intensificava a dor e a ansiedade.[13] A partir desse estudo, é compreensível que, quando uma criança espera por uma palmada, a angústia antecipatória passe a fazer parte dessa experiência avassaladora. Quando as surras são frequentes, a criança pode desenvolver angústia antecipatória ao prever ou aguardar o abuso. Ela fica inquieta, sobressaltada ou retraída. Dores de estômago ou de cabeça são comuns. Durante uma surra, podem ocorrer reações fisiológicas como aceleração dos batimentos cardíacos, vômito e até perda do controle da bexiga ou do intestino. A agressão gera estresse tóxico para a criança e para os irmãos que assistem, corroendo a confiança e a segurança dentro da família.[14] Crianças que foram submetidas a surras sofrem sintomas de longo prazo, como depressão, ansiedade e sofrimento emocional.[15]

Se você apanhou quando criança, pode sentir repulsa pelo próprio corpo. Pode ser difícil cuidar de si mesmo (incluindo buscar atendimento médico, cuidar da saúde bucal, praticar exercícios regularmente e manter uma alimentação saudável), pois seu corpo se tornou um campo de batalha. Pode ser reconfortante saber que a Academia Americana de Pediatria recomenda que os pais evitem bater em seus filhos por qualquer motivo, e alguns pesquisadores estão lutando para incluir as palmadas na lista de experiências adversas na infância.[16]

Abuso sexual

Não acho que alguém tenha dúvidas sobre o que é abuso sexual. No entanto, presumimos que a maioria das mães proteja as filhas contra tais violações. É inimaginável que uma mãe possa participar da exposição sexual de sua filha ao perigo. Sabemos que o abuso sexual na infância leva a muitas formas de vício e comportamentos autodestrutivos. E, mais do que o próprio abuso, as mulheres lamentam o fato de que ninguém as protegeu. Suas mães não as ajudaram ou, em alguns casos, se recusaram a acreditar nelas, especialmente quando o agressor era alguém que a mãe amava. Mães que ignoram ou fazem vista grossa quando seus namorados, maridos ou até mesmo seus próprios pais violentam sexualmente suas filhas fazem parte do abuso.

Podemos estar cientes de que o abuso sexual acontece com meninas, mas o fato de uma mãe ser a abusadora é impensável. Em seu livro *A Mother's Touch*, Julie Brand escreve sobre ter sido molestada pela mãe. Ela fala sobre como sua mãe a acariciava durante a hora da soneca. O abuso parecia estranho, mas como não havia força, ela nunca considerou isso abuso. Mas o impacto a longo prazo do abuso sexual não é apenas sobre dor física, e nem todo abuso sexual machuca fisicamente. Mães que exploram suas filhas em busca de afeto e contato físico de que precisam correm o risco de cometer esse tipo de abuso.

Quando há dor envolvida, a ofensa é clara. Julie Brand compartilha sobre os humilhantes enemas semanais que ela era forçada a suportar. "Eu tinha que me despir nua e deitar de bruços em uma toalha de banho no chão de linóleo [...] Lembro dela me segurando firmemente com o peso do pé nas minhas costas. Ela não me deixava levantar até que decidisse que eu já tinha suportado o suficiente."[17] Violações de natureza sexual muitas vezes levam à rejeição total da sexualidade de alguém, ou comportamento sexual de risco.

Síndrome da mulher agredida

Relacionamentos íntimos marcados por explosões frequentes de raiva são lugares assustadores para se estar. A psicoterapeuta Lenore Walker desenvolveu o conceito de síndrome da mulher agredida no final da década de 1970 para descrever os comportamentos e emoções específicos que se desenvolvem quando uma pessoa sofre abuso por parte de um parceiro íntimo. De acordo com a Coalizão Nacional Contra a Violência Doméstica, as vítimas de violência doméstica apresentam sintomas que podem incluir:

- Sentir-se isolada, ansiosa, deprimida ou impotente;
- Sentir vergonha do julgamento e da estigmatização;
- Amar a pessoa que a agride e acreditar que ela irá mudar;
- Sentir-se emocionalmente retraída e sem apoio da família e dos amigos;

- Negar que algo esteja errado ou justificar o comportamento do agressor;
- Permanecer no relacionamento por razões morais ou religiosas.[18]

Como a mãe é nosso primeiro vínculo íntimo e tem acesso ao nosso corpo o tempo todo, sua crueldade é uma forma de violência doméstica. Se ela nos trata com agressividade ou direciona sua raiva contra nós, experimentamos um terror inimaginável. Carregando sintomas semelhantes aos das vítimas de violência por parte de um parceiro íntimo, temos dificuldade em fazer amigos ou encontrar um lugar onde pertencemos. Sentimos que há algo errado conosco. Quase unanimemente, vítimas de violência conjugal acreditam que o abuso doméstico é culpa delas. As filhas de mães abusivas também.

Meninas com mães abusivas raramente falam sobre o abuso. Na verdade, geralmente nem o identificam como tal. Para elas, isso simplesmente parece normal. As adaptações à violência íntima alteram a capacidade do cérebro de interpretar o que está acontecendo, priorizando a segurança em vez da aprendizagem e da comunicação.[19]

As adaptações psicobiológicas ao medo causado pelo abuso materno podem ser duradouras, complicando os relacionamentos de uma filha ao longo da vida. A Coalizão Nacional Contra a Violência Doméstica (NCADV) explica que uma pessoa que passou por abuso de um parceiro íntimo pode continuar apresentando sintomas mesmo após deixar o relacionamento. Os sintomas da violência doméstica incluem problemas de sono, flashbacks intrusivos e sentimentos de terror, evitar temas ou situações que remetem ao abuso, sentimentos de desesperança, raiva e inutilidade, além de crises de pânico.[20]

Filhas com Fome de Mãe de Terceiro Grau compartilham esses sintomas. Elas idealizam a agressora, acreditam que merecem o abuso e sofrem uma humilhante perda de autoestima. Alguns profissionais usam o termo *acomodação patológica* para descrever o que acontece quando uma criança aprende a sobreviver ao abuso. Acomodar e apaziguar uma mãe amedrontadora é uma adaptação ao medo inescapável. Enquanto tenta lidar com os humores de uma mãe abusiva, a filha perde o acesso às próprias sensações e capacidade de ação.[21] A acomodação patológica é a resposta biológica de congelamento em ação, o que pode explicar os problemas físicos que acompanham a Fome de Mãe de Terceiro Grau. Um corpo que está congelado sente dor.

Vínculo desorganizado: o estilo de vínculo perdido

Mulheres com Fome de Mãe de Terceiro Grau raramente se sentiram *seguras* em relacionamento na fase adulta. Desde cedo, adaptaram-se a uma mãe assustadora, e o vínculo foi traumático. Os vínculos traumáticos — fortes laços emocionais entre a pessoa abusada e seu agressor — se formam quando as vias neurais humanas para o perigo e o vínculo são ativadas simultaneamente, prejudicando o sistema de apego.[22] Quando um vínculo traumático se forma entre mãe e filha, essa conexão tóxica impacta todos os outros relacionamentos na vida da filha. O medo destrói o sistema de apego, criando o vínculo desorganizado, ou Fome de Mãe de Terceiro Grau. O vínculo desorganizado é o legado devastador de uma mãe prejudicial.

No capítulo 2, falamos sobre as categorias de apego *seguro*, *ansioso* e *evitante*, originadas pela importante pesquisa de Mary Ainsworth. Ainsworth mediu ativamente os princípios de apego de John Bowlby ao examinar o comportamento de reunião entre cuidadores e crianças pequenas em seu agora famoso experimento chamado *situação estranha*.[23] Em um estudo posterior, a aluna de Ainsworth, Mary Main, encontrou indícios de uma quarta categoria de apego. Main percebeu como algumas crianças sem apego seguro se comportavam de maneira diferente de seus pares ansiosos ou evitantes quando a mãe saía e voltava para o ambiente. Quando a mãe retornava, essas crianças primeiro corriam em direção a ela, mas depois se afastavam ou fugiam. Algumas se enrolavam em posição fetal ou batiam na mãe. O primeiro impulso de buscar conforto era evidente, mas, à medida que a mãe se aproximava, a criança se assustava. Essas crianças eram "desorganizadas" e desorientadas, como demonstrado por expressões confusas, paralisia ou errância.[24] Judy Garland e Édith Piaf viveram com apego desorganizado. Seus sintomas as acompanharam na vida adulta e se intensificaram com o tempo (e a falta de intervenção terapêutica), já que ambas eram explosivas com os parceiros, tinham crises de raiva em restaurantes e precisavam lutar para manter carreiras bem-sucedidas.

Quando a vida se torna intensa, mulheres com Fome de Mãe de Terceiro Grau entram em colapso ou explodem em fúria. O colapso é uma resposta de congelamento, já a fúria é uma resposta de luta ou fuga. Certos sinais corporais (como cheiros, sons ou toques) se tornam lembranças de uma impotência precoce e rapidamente desencadeiam impulsividade e dissociação. Quando ativadas, mulheres com Fome de Mãe de Terceiro Grau têm dificuldade de se acalmar ou identificar algo ou alguém que possa fazê-lo.

No fundo de suas almas, mulheres com apego desorganizado acreditam que ninguém é confiável. Viver dessa maneira exige algum tipo de automedicação. Judy Garland e Édith Piaf usaram drogas, álcool e romance para entorpecer a dor da infância. Apesar dos problemas de saúde, perda de respeito e dificuldades para cantar, seus vícios só aumentaram. Suas histórias não são únicas. A maioria das mulheres com apego desorganizado trabalha demais, gasta demais ou come demais. Algumas se privam de necessidades básicas. Altos emocionais passageiros mascaram a dor de não pertencer a lugar nenhum ou a ninguém. Geralmente, sua primeira experiência de segurança humana e calor genuíno vem de um profissional treinado para lidar com traumas complexos no desenvolvimento.

Dissociação

Quando uma ameaça excede nossas habilidades de enfrentamento, a natureza nos protege do medo avassalador, retirando-nos da realidade, tanto mental quanto fisicamente. A dissociação, um processo parassimpático de regulação negativa do sistema nervoso em resposta a um perigo iminente, é uma reação de sobrevivência. Literalmente e temporariamente saímos da consciência enquanto nossa respiração desacelera e ficamos imóveis. Essa é a forma que a natureza encontra para nos preparar para a morte. Não é um processo consciente, é automático. A dissociação acontece quando sentimos que não há outra opção diante de uma ameaça.

Quando bebês ou crianças, a realidade de uma mãe assustadora nos apresenta um dilema impossível: a pessoa que poderia aliviar nosso medo é a mesma que o causa. A única forma de lidar com isso é desaparecer.

Quando as ameaças maternas são constantes, a dissociação também o é. A dissociação se torna uma forma de se esconder de coisas intoleráveis que estão acontecendo, como vimos na sessão que tive com Caroline. Dissociar-se pode parecer visão em túnel, uma sensação vaga de tempo, um formigamento nos ouvidos ou uma sensação onírica de ser outra pessoa ou estar em outro lugar. Uma das minhas descrições favoritas de dissociação vem do artigo de Marissa Korbel na Harper's Bazaar, chamado *Às vezes você faz o café da manhã para o seu estuprador*:

> A dissociação pode soar assustadora, mas não é uma sensação ruim. Às vezes, é algo parecido com deslizar para uma cama quente e aconchegante. Um lugar secreto, seguro, onde posso ficar o tempo que quiser. A pior parte é voltar. É quando eu sempre choro.[25]

É por isso que muitas mulheres evitam curar a Fome de Mãe de Terceiro Grau — a avalanche de sensações é assustadora demais.

A Fome de Mãe de Terceiro Grau surge do medo relacional sem reparação relacional. Durante nossos anos formativos, o medo sem reparação causa mudanças permanentes no cérebro. Eis a essência do trauma complexo. Quando uma mãe não consegue reconhecer, se desculpar e reparar o dano que causou, o medo altera as funções cerebrais da criança, deixando-a com uma noção turva de identidade e uma percepção vaga da realidade.

A dissociação protegeu você quando foi necessário, mas o hábito torna difícil lembrar de eventos passados. Fique tranquila, seu corpo guarda a história:

> O processamento cognitivo está intrinsecamente ligado ao nosso corpo. Todas as dinâmicas relacionais precoces com os cuidadores primários, sejam traumáticas ou não traumáticas, servem como modelos para o desenvolvimento da cognição e dos sistemas de crenças da criança, e esses sistemas influenciam a postura, a estrutura e os movimentos do corpo.[26]

Guardado longe da consciência, queira você ou não, a memória da sua vida está no seu corpo — informando silenciosamente seu bem-estar físico e mental — tentando chamar sua atenção por meio de dores no corpo, pesadelos frequentes e ansiedade crônica.

À mercê de uma mãe fria, agressiva ou negligente, uma filha precisa acreditar que sua progenitora irá mudar. A dissociação permite essa esperança persistente, quase como um conto de fadas. Quando crianças, algumas de vocês criaram amigos imaginários, pais diferentes ou um príncipe encantado para amenizar o medo. Fantasiar é uma maneira poderosa de suportar sentimentos intoleráveis quando não há escapatória. Quando o perigo é contínuo, a dissociação entra em ação de forma intensa. Esse é um mecanismo misericordioso da natureza: ao impedir que você tenha que enfrentar uma realidade avassaladora, ele oculta informações que poderiam ser úteis — como a capacidade de reconhecer uma pessoa perigosa. Mas quando a pessoa perigosa é sua própria mãe, de que adiantaria essa informação?

Como você não podia se afastar dela, seu cérebro restringiu sua percepção com uma espécie de tapa-olho emocional. Dessa forma, a dissociação é um verdadeiro salva-vidas.

Quando estamos indefesas, a dissociação amortece uma realidade insuportável, mas também cria uma divisão entre o *eu* que vive o dia a dia (indo à escola, aprendendo a ler, fazendo amizades, praticando esportes) e o *eu* que carrega medo, vergonha e raiva não expressos. Em essência, nos dividimos em partes. Temos um *eu* exterior, que segue o fluxo da vida, e um *eu* interno, que se esconde. Às vezes, não sabemos qual desses é o real.[27]

O trauma antecipatório — ensaiar mentalmente como lidar com a próxima surra, como será voltar da escola, ou quando mamãe vai tomar a próxima bebida — explica por que o medo pode levar à imobilidade. Sentir-se lenta, presa ou paralisada é a forma do corpo se preparar para um ataque. Além da dissociação ou do devaneio, o cérebro amortece o medo e a impotência por meio da paralisia — uma preparação para a morte.[28] Trabalhando juntas, a dissociação e a paralisia preparam o corpo para uma dor inevitável.

Cegueira da traição

Apesar de décadas de evidências de que uma mãe não pode ou não quer mudar comportamentos prejudiciais, as filhas se agarram à esperança. Chamo isso de *esperança patológica*. Ela começa como um mecanismo de proteção — uma maneira de suportar a adversidade. Mas, com o tempo, pode prender as mulheres em ciclos dolorosos de relacionamento com outras pessoas. A maioria não percebe a natureza da esperança patológica porque o cérebro se adaptou a ela muito cedo. Filhas de mães abusivas passam a vida lutando para serem notadas, protegidas e cuidadas, além de esperarem por um pedido de desculpas.

A esperança patológica tem um poder de permanência impressionante. A persistência desse pensamento ilusório pode estar relacionada a um fenômeno psicológico conhecido como *cegueira da traição*. Jennifer Freyd passou anos pesquisando os complexos processos biológicos que explicam por que algumas pessoas ficam presas em relacionamentos abusivos. Freyd cunhou o termo *cegueira da traição* para descrever como adultos podem esquecer ou simplesmente não perceber que estão sendo feridos em um relacionamento íntimo. Ela explica que "como dependemos do traidor, nossa melhor defesa possível é bloquear a consciência da traição; em outras palavras, uma espécie de congelamento mental (cegueira da traição) se torna nossa melhor opção."[29] Freyd nos ajuda a entender que essa adaptação psicológica ao perigo está enraizada em uma necessidade extrema de manter a situação intacta seja "para preservar um casamento, manter a família unida ou manter uma posição dentro da comunidade."[30]

É lógico que a cegueira da traição ajuda uma criança a sobreviver a uma mãe assustadora. A cegueira serve a um propósito maior: o apego. Como as necessidades de apego humano se sobrepõem às necessidades de defesa, os mecanismos biológicos que nos permitem criar vínculo com uma mãe assustadora tornam-se parte da nossa personalidade. Uma personalidade de sobrevivência se forma, com pouca autoconsciência, pois a cegueira da traição nos protege de perceber que nos tornamos especialistas em conviver e amar uma pessoa perigosa. Cegas para nossa própria traição, não percebemos que amar alguém agora está entrelaçado com pena ou dever. Sentimos pena de nossa mãe frágil e abusiva. Às vezes, a confortamos depois que ela perde o controle, nos bate e se sente culpada. Ou nos sentimos responsáveis — tentamos salvá-la de um parceiro abusivo ou de uma agência de cobrança. Nos tornamos *suas* protetoras.

Filhas que cuidam e protegem suas mães estão, na verdade, apaziguando-as. O instinto natural de "apaziguar" nos condiciona a agir assim quando não temos para onde ir, criando um vínculo com nossa mãe apesar do medo. "As crianças são programadas para serem fundamentalmente leais aos seus cuidadores, mesmo quando são abusadas por eles. O terror aumenta a necessidade de apego, mesmo quando a fonte de conforto também é a fonte do terror."[31] Dessa forma, a traição se entrelaça com o amor. Isso não acontece de forma consciente. Não temos controle sobre as adaptações precoces ao medo. Precisamos de nossa mãe mesmo quando ela grita conosco, puxa nosso cabelo ou nos chama de gorda. Apaziguar uma mãe abusiva nos predispõe a uma vida inteira de confusão nos relacionamentos. E podemos acabar em um relacionamento destrutivo atrás do outro.

A biologia do apaziguamento

A teoria polivagal do dr. Stephen Porges, assim como o trabalho de cuidar e fazer amizade da dra. Shelly Taylor, explica como nosso sistema nervoso social é construído para formar vínculos com os outros, especialmente durante a adversidade.[32] Esse é um comportamento humano diante do medo. Precisamos "fazer amizade" quando somos ameaçados por alguém ou por algo. A tragédia inerente à Fome de Mãe de Terceiro Grau é que a mãe é a própria adversidade. E mesmo que a mãe seja perigosa, uma filha vai se vincular a ela. Comportamentos como fazer amizade e apaziguar mantêm a filha próxima da mãe. O apaziguamento surge de um terror desesperado — de saber que não há outro lugar para ir. Não se trata de escolha; é biologia.

As respostas biológicas ao perigo são destinadas à emergências, não para a sobrevivência cotidiana, e certamente não para suportar uma mãe assustadora. A crueldade materna ativa o sistema de resposta à emergências, alterando rapidamente a arquitetura cerebral em desenvolvimento de uma filha. Níveis elevados de cortisol, o hormônio do estresse, danificam as regiões cerebrais responsáveis pela interação social.

Para aqueles interessados no cérebro, vocês já devem saber como o estresse afeta o lobo temporal — especificamente a amígdala e o hipocampo. O estresse irrita o funcionamento da amígdala, onde a empatia se desenvolve.[33] O cortisol envenena o hipocampo, que processa os dados recebidos e as memórias. O cérebro está se adaptando, mantendo os processos biológicos necessários em funcionamento, como o batimento cardíaco e a respiração, mas filtrando processos menos críticos, como memória e empatia. Durante um evento ou momento estressante, o cérebro literalmente ignora informações secundárias à sobrevivência. Com o tempo, neurônios e conexões sinápticas não utilizados desaparecem. Os cientistas chamam esse processo neurológico sofisticado de *poda*.[34]

Imagine por um momento o que o cérebro deve fazer para ignorar (e eventualmente podar) os processos neurológicos que identificam uma mãe perigosa? Ele deve compartimentalizar o medo em algum lugar fora da sua consciência para que o vínculo possa acontecer. Com o tempo, o cérebro reduz os sinais de perigo, como a voz estridente de uma mãe ou a sobrancelha franzida, para que você consiga tolerar sua proximidade. A poda altera a percepção e te proteger enquanto é pequena e dependente, mas com o tempo, sua capacidade inata de detectar ou perceber situações de risco é distorcida. Dessa forma, a neurocepção é alterada, e é por isso que a exposição a traições precoces coloca você em um risco maior de futuras vitimizações.

O abuso materno é uma traição devastadora, porque não só você perde o cuidado essencial, a proteção e a orientação, mas também seus instintos de neurocepção e proteção são danificados. Como você foi adaptada ao perigo, situações que assustariam uma pessoa comum não levantam um sinal de alerta para você. Você sabe como se vincular com pessoas que podem te trair. E pode até se sentir entediada com pessoas que não fazem isso.

Vergonha tóxica

A vergonha tóxica que resulta do abuso materno nos convence de que somos defeituosos. Não é o tipo de vergonha que sentimos quando magoamos os sentimentos de alguém ou a vergonha que nos diz que não é uma boa ideia flertar com o parceiro da sua irmã. A vergonha tóxica faz você questionar seu direito de estar aqui. A vergonha tóxica afunda sua alma em um poço de insegurança.

Minha esperança é que, ao entender a Fome de Mãe de Terceiro Grau, você possa reduzir a vergonha que carrega. Você não é uma pessoa defeituosa. A vergonha tóxica é um tipo de vergonha herdada que não tem *nada* a ver com você. Você pode estar carregando a vergonha que pertence à sua mãe, como a vergonha que ela não sentiu quando te maltratou.

A vergonha é pesada e espessa, como um cobertor sujo e indesejado de que você não consegue sair debaixo. A psicoterapeuta relacional e autora Patricia DeYoung diz que a vergonha tóxica está "enterrada em algum lugar mais profundo do que palavras, uma 'doença da alma', ainda menos estruturada do que um sentimento consciente."[35] Por essa razão, é difícil identificar ou discutir a vergonha tóxica. Com o tempo, a vergonha tóxica alimenta formas de autossabotagem, como cortes, fome, vícios e isolamento.

Às vezes, a vergonha tóxica se disfarça como uma falsa confiança ou um senso inflado de superioridade: uma forma de esconder a sensação de ser horrível. Você se sente patética, mas certamente não quer que ninguém saiba disso, então você rapidamente começa a julgar os outros antes que eles julguem você. Por um momento, isso faz você se sentir melhor, até que você come um pacote de biscoitos atrás da porta do armário ou fica bêbada em uma festa da empresa e se comporta mal. Depois disso, a voz que diz "*Eu sou repulsiva e inútil e ninguém jamais deveria falar comigo novamente*" começa a falar. E geralmente, ela soa como sua mãe. Mas lembre-se: sua personalidade se desenvolveu para sobreviver à falta de cuidado de sua mãe. Não é o seu verdadeiro eu.

Tratamento especializado

Cuidados paliativos e tratamento especializado para questões de saúde difíceis focam em proporcionar alívio em vez de uma cura. Eu vejo a Fome de Mãe de Terceiro Grau como uma questão de saúde difícil, e o paradigma de cuidados paliativos me dá uma direção para apoiar mulheres com trauma de terceiro grau. Eu me inspiro no trabalho que está sendo realizado no Reconnect, a clínica de tratamento da dra. Karol Darsa, que incorpora abordagens diversificadas para sobreviventes, onde os adultos recebem cuidados ao longo do dia e as sessões podem incluir terapia artística, *mindfulness*, *brainspotting* ou EMDR (Dessensibilização e Reprocessamento por Meio de Movimentos Oculares). Cada pessoa tem a oportunidade de passar por uma avaliação psiquiátrica, já que a medicação pode ser salva-vidas para a Fome de Mãe de Terceiro Grau. O cuidado paliativo é mais eficaz quando as equipes trabalham juntas, como fazem no programa da dra. Darsa, e quando inclui tratamentos curativos holísticos além dos tradicionais.

Curar a Fome de Mãe de Terceiro Grau exige apoio de profissionais bem treinados que compreendem trauma complexo, apego e psicoterapia sensório-motora. Pat Ogden, Ruth Lanius e Janina Fisher desenvolveram métodos para acessar e curar memórias corporais que são mais profundas do que as palavras.[36]

Próximos passos para sobreviventes da Fome de Mãe de Terceiro Grau

Curar a Fome de Mãe de Terceiro Grau é um processo duplo: primeiro, você encontra palavras para o terror mudo que sentiu quando criança. Você está fazendo isso agora. Ler este livro lhe dá uma linguagem para a dor desorganizada que você suportou por tanto tempo. Segundo, se ainda não fez isso, é hora de parar de buscar sua mãe, descansar sua alma exausta e lamentar o que foi perdido. Para que isso funcione, você precisa da companhia de alguém que compreenda essa dor única e/ou de um profissional treinado e dedicado ao apego saudável. Sua dor surgiu de um trauma relacional, e só se curará com experiências relacionais saudáveis.

À medida que você desenterra a memória implícita (o que pode acontecer), a história dos cuidados de sua mãe trará uma maior capacidade de se amar e se proteger daqui para frente. A cura envolve integrar as memórias implícitas e formar uma narrativa coerente sobre seu relacionamento com ela.

À medida que você ganha consciência, novos comportamentos podem ser necessários para se proteger. Para algumas de vocês, "divorciar-se" da mãe será parte da cura dessa queimadura de terceiro grau. Você pode começar com uma separação de 30 dias, desconectando-se do contato por telefone, mensagem, redes sociais... qualquer lugar onde ela possa ver ou se conectar com você. Ao praticar novos limites, criando segurança para si mesma, você está essencialmente saindo de um transe dissociativo no qual esteve a maior parte de sua vida. Emergir da dissociação constante significa enfrentar emoções enterradas. Este é um bom momento para lembrar qual é o seu objetivo: você está construindo apego seguro dentro de si mesma, apego esse que foi perdido nos seus anos formativos. Você está criando um lar interno onde está segura e amada.

No processo de cura, é normal sentir-se aterrorizada, com raiva e muito sozinha. Se você às vezes sente que é uma má filha, espero que este capítulo interrompa esse tipo de pensamento e alivie seu fardo.

Lembre-se de que outras pessoas já trilharam esse caminho antes de você, abrindo o caminho para um novo e constante senso de si mesma, sem a constante decepção, dor e traição que vêm do contato maternal insalubre. À medida que seu corpo se sente seguro, a reatividade emocional geral diminui. Você se recupera mais rápido após um pesadelo ou uma briga com alguém que ama. Gradualmente, a dissociação perde força sobre você. Seu sofrimento diminui. E com a ajuda de um guia confiável, você construirá resiliência relacional. A dor no coração, que foi sua companheira constante, tira uma folga. Neste novo espaço cerebral, você pode tomar decisões melhores sobre como e quando contatar sua mãe — e se o contato é possível ou não.

Viver com a Fome de Mãe de Terceiro Grau não tratada é viver com trauma. Enfrentá-lo pode parecer arriscado e assustador. Bloquear a dor é a resposta compassiva do cérebro ao trauma; ele compartimentaliza a memória. Mas também torna a vida sem cor e monótona, e sentir alegria autêntica ou encontrar significado se torna uma luta.

Agora que você tem mais consciência, a cura pode ir mais fundo. Você está começando a recuperar os cuidados maternos perdidos enquanto libera emoções enterradas e experimenta um novo calor com os outros.

9: CURANDO A FOME DE MÃE

A curiosidade pode fazer com que você procure respostas neste capítulo. Frustrada e ansiosa, você quer a solução. Eu entendo. Você quer que a dor pare. Está cansada de sofrer. Quer que alguém ou algo faça tudo ficar melhor.

No processo de cura da Fome de Mãe, é importante seguir o seu próprio ritmo. Pausas periódicas ou retrocessos são comuns. Em alguns momentos, você pode se perguntar se fez algum progresso ou até sentir que, de alguma forma, está traindo sua mãe ao melhorar. Algumas de vocês podem esperar até que sua mãe não esteja mais viva para começar esse trabalho. E tudo bem. O momento e a forma como você decide seguir em frente são decisões suas. Agora, você é a arquiteta do seu caminho.

É natural sentir medo ao encarar essa ferida. Pedir ajuda pode ser especialmente difícil, pois permitir que alguém te apoie é se colocar em uma posição vulnerável. Mesmo que você se sinta pronta para receber orientação, o desequilíbrio de poder entre você e um profissional pode fazer seu inconsciente temer que, se alguém realmente te conhecer, essa pessoa poderá manipulá-la e controlá-la. Por isso, é essencial encontrar um terapeuta que compreenda a teoria do apego e que possa conduzir seu processo de cura com delicadeza.

À medida que aprendemos mais sobre o cérebro, novas ferramentas estão surgindo constantemente para nos ajudar a reconfigurar áreas impactadas pelo trauma e pela adversidade. Há uma nova esperança para curar um coração partido. Curar a Fome de Mãe significa que você tem a chance de conquistar o apego seguro que lhe faltou nos primeiros anos de vida. Embora esse processo seja mais rápido quando você tem relacionamentos saudáveis ao seu redor, uma nova segurança interna também pode crescer a partir dos seus próprios esforços.

A cura da Fome de Mãe tem um ritmo próprio. A dor pode reaparecer sempre que a ferida for tocada por uma música familiar, um cheiro específico, uma data comemorativa ou um pensamento inesperado. Quando isso acontecer, pergunte-se o que dói. Você anseia por afeto? Está se sentindo assustada? Sente-se perdida? Como mencionado anteriormente, a Fome de Mãe existe em um espectro e está relacionada aos elementos maternos essenciais que lhe faltaram. Embora não exista uma fórmula mágica para curá-la, identificar o que você sente pode indicar por onde começar. O tempo necessário para que você se sinta segura dentro de si mesma dependerá da gravidade da falta de cuidados maternos, proteção ou orientação. Se você não recebeu nenhum dos três, o processo de cura pode levar mais tempo.

Além dos exercícios de cura presentes no final da maioria dos capítulos, este capítulo oference algo a mais porque traz diretrizes adicionais para ajudá-la a se sentir mais segura consigo mesma e em seus relacionamentos.

- Identifique quais necessidades maternas essenciais lhe faltaram. Você anseia por afeto e tempo de qualidade com alguém especial? Então, você precisa de mais cuidados maternos. Você se sente frequentemente ansiosa e com medo? Isso indica que precisa de mais proteção. Você se sente perdida ou sem inspiração? Então, precisa de orientação;
- Compreenda o que chamo de *dor do pedido de desculpas;*
- Entenda o conceito de luto não reconhecido;
- Descubra os benefícios de ter uma mãe celestial;
- Busque apoio profissional. Um terapeuta qualificado, com foco em apego, pode ajudar independentemente de onde você se encontra no espectro da Fome de Mãe. Se você enfrenta a Fome de Mãe de Terceiro Grau, é essencial contar com um terapeuta que tenha conhecimento sobre trauma.

Apego seguro conquistado

Seu corpo foi projetado para se curar de doenças e ferimentos mas, até que você identifique o problema, seu cérebro não sabe exatamente o que fazer. Nomear a dor da Fome de Mãe dá ao seu corpo uma bússola para orientar sua sabedoria interior. Seu corpo reconhece e valoriza isso. O obstáculo ao bem-estar foi removido, permitindo que você foque na criação de um apego seguro conquistado. Independentemente de seu estilo de apego dominante ser evitante, ansioso ou se você estiver em algum ponto do espectro desorganizado, conquistar um apego seguro pode aliviar a intensidade da sua dor emocional. Esse processo envolve desenvolver uma conexão profunda consigo mesma e, caso esteja curando a Fome de Mãe de Terceiro Grau, contar com alguém comprometido com sua saúde mental e bem-estar.

Conquistar segurança vem de encontrar novas formas de autocuidado, construir uma proteção autêntica e criar uma narrativa coerente sobre seus anos formativos. Sei que isso pode soar técnico e trabalhoso, mas a verdade é que, embora seja possível desenvolver um estilo de apego mais saudável, criar novas conexões cerebrais exige esforço. Assim como, ao iniciar uma nova rotina de exercícios, os primeiros dias são os mais difíceis. Você se sente cansada, instável e com incertezas, mas, com prática, você ganha força, impulso e confiança. Curar a Fome de Mãe segue esse mesmo processo.

Você pode se sentir ressentida ao pensar no trabalho que tem pela frente. E tudo bem, o ressentimento é natural. Conquistar um apego seguro é um desafio, especialmente enquanto você trabalha, estuda ou cuida de outras pessoas. Parece um fardo injusto. Talvez você se sinta cansada só de ler sobre isso. Além disso, pode surgir uma sensação de confusão, pois as necessidades maternas não atendidas estão profundamente enterradas sob uma amnésia protetora. Você pode se perguntar: *O que me faltou?* Se não tiver certeza, este pode ser um bom momento para buscar apoio. Suas necessidades não atendidas estão esperando por atenção, mas, como as primeiras mensagens maternas são impressas antes da linguagem ou da memória explícita, elas são mais difíceis de acessar. Um terapeuta somático especializado em trauma pode ajudar imensamente a trazer essas questões à tona.

No entanto, curar a Fome de Mãe nem sempre exige apoio clínico — assim como entrar em forma não exige um personal trainer ou academia. Mas se John Bowlby, o pai da teoria do apego, estivesse aqui, ele provavelmente sugeriria que você tivesse um terapeuta, pois, como ele disse: " O papel do terapeuta é análogo ao de uma mãe que oferece à criança uma base segura a partir da qual ela pode explorar o mundo."[1]

Por que a terapia funciona?

Ganhar um apego seguro vem da substituição dos três elementos maternos essenciais que você não teve. Para ajudar seu cérebro a fazer isso, você precisa de um senso de história. Como você chegou aqui? Volte às suas memórias mais antigas com sua mãe. Ela era afetuosa com você? Você podia contar com ela quando estava com medo? Você acha que ela era feliz? Ela te inspirava? Aprender sua história o coloca em contato com as peças que faltam para que você possa juntá-las novamente. Com uma história que explica seu comportamento e seus sentimentos, surge energia para novas decisões, sonhos e objetivos. O foco renovado é um sinal de que seu estilo de apego está se curando.

A cura acontece ao saber o que você *não* teve, para que possa preencher seu espírito vazio com os ingredientes certos. Simplesmente não podemos mudar o que não conhecemos. O conhecimento acontece de duas maneiras: cognitivamente e emocionalmente. Ler e aprender sobre a Fome de Mãe é cognitivo. Esse é o seu cérebro esquerdo em ação. A conscientização cognitiva é o primeiro passo.

Mas, para criar uma mudança duradoura, você deve *sentir* a ferida — o vazio angustiante que anseia por ser nutrido, protegido ou guiado. A maioria de nós não consegue sentir essa dor sem ajuda. Depois de uma vida inteira nos protegendo, o cérebro simplesmente não a libera, a menos que estejamos seguros e amparados. Seu adorável cérebro está esperando que você encontre um guia — alguém sem outra intenção além de ajudá-lo a se encontrar.

A Fome de Mãe é uma ferida do hemisfério direito do cérebro. A linguagem do hemisfério direito se expressa de corpo para corpo, na qualidade do contato visual, nos tons de voz e nos ritmos de resposta. Por meio das interações não verbais que ocorrem com um clínico competente e bem treinado, o hemisfério direito se cura com "a música, não as palavras, do que passa entre as pessoas."[2] É assim que a psicoterapia funciona e é por isso que espero que você encontre um guia de apoio. Mas essa também é a forma como a conexão saudável funciona. Se você tem um amigo próximo ou um parceiro confiável, algumas formas de Fome de Mãe podem ser curadas sem suporte profissional, pois a ferida relacional está recebendo cuidado relacional.

Substituindo o cuidado materno perdido

Se você não está acostumado a ser cuidado, pode parecer estranho quando começa a cuidar de si mesmo de maneiras saudáveis. Você pode se sentir desconfortável, irritado ou até mesmo enojado. Isso é *normal.*

Aqui estão algumas excelentes maneiras de ajudar a substituir o elemento materno ausente de cuidado:

- Mergulhe em uma banheira ou tanque de água salgada: a água é como um abraço humano;
- Busque sessões regulares de trabalho corporal que sejam sensíveis ao trauma;
- Pratique yoga restaurativa para aliviar feridas emocionais presas no corpo;
- Experimente um cobertor pesado (também conhecido como gravity blanket) ao ir para a cama ou ao descansar no sofá;
- Caminhe na natureza, onde o silêncio pode encontrá-lo;
- Acenda sua vela perfumada favorita;
- Beba chá de ervas sem cafeína à noite;
- Tire cochilos quando possível. Aconchegue-se com algo macio, como um travesseiro favorito ou um animal de estimação;
- Durma quando puder, mas se o sono estiver sendo usado como uma forma de evitar as coisas, experimente outras maneiras de se cuidar. Você não deixaria uma criança dormir o dia inteiro.

Se sua mãe está viva, pode ser tentador procurá-la para obter cuidado. No entanto, se ela não conseguiu fornecer afeto ou ternura quando você era pequeno, talvez ainda não consiga. É um impulso natural querer que ela cuide de você. Parte da cura da Fome de Mãe pode significar evitar o contato com ela — pelo menos até ter uma ideia melhor sobre formas saudáveis de se conectar consigo mesmo.

21 Dias para desintoxicar e se conectar consigo mesmo

Durante 21 dias, eu recomendo que você se desintoxique da exposição regular à sua mãe (ou aos pensamentos sobre sua mãe). Para fazer isso, você precisará praticar o cuidado saudável e evitar enviar mensagens de texto, falar ou estar com ela. Durante três semanas, tente o seguinte:

- Alimente-se como se fosse uma criança pequena. Evite açúcar, cafeína e alimentos processados;
- Anote seus pensamentos e sentimentos à medida que os perceber. Esta é uma das tarefas de cura mais *difíceis*, mas é essencial;
- Dê prioridade ao sono. Aplicativos como *Calm* ou *Insight Timer* são úteis para noites sem sono;

- Limite sua exposição às redes sociais. Verifique o e-mail apenas quando necessário;
- Pratique passar um tempo *sozinho*, sem um parceiro romântico, membro da família ou amigo para entreter, confortar ou distrair você. Tente praticar a solidão de forma consciente e presente;
- Fique longe do celular à noite. Se você o utiliza para ouvir um podcast de sono ou meditação, coloque-o no modo avião ou "não perturbe";
- Se tudo isso parecer impossível, e você continuar buscando sua mãe apenas para se ver ferido e decepcionado novamente, considere procurar a ajuda de um terapeuta licenciado. Um grupo de apoio pode ser extremamente útil se você tiver hábitos aditivos no momento. Alguns grupos têm reuniões por telefone, além de reuniões locais. Eu recomendo os seguintes:
- Comedores Compulsivos Anônimos (CCA): https://cca.org.br
- Dependentes de Amor e Sexo Anônimos (D.A.S.A): no Brasil, existem associações diferentes para cada estado (São Paulo, Rio de Janeiro, Brasília).
- Grupos familiars Al-Anon do Brasil – Para familiares e amigos de alcoólicos: al-anon.org.br
- Alcoólicos Anônimos (AA): aa.org.br

Substituindo a proteção materna perdida

Se você não foi protegido quando criança, a ansiedade pode parecer normal. Conquistar um apego seguro significa tornar sua vida o mais segura possível, para que você possa redefinir sua linha de base. Seu corpo não sabe como é o relaxamento, porque você passou a maior parte da sua vida em estado de alerta, se preparando para o perigo.

As estratégias de cuidado anteriores também ajudam com a proteção, porque são calmantes. Mas aqui estão algumas coisas adicionais a considerar:

- Evite filmes e programas com cenas de violência;
- Não assista aos noticiários;
- Ouça sua intuição se alguém ou algo parecer "estranho";
- Acalme sua amígdala hiperativa com técnicas de relaxamento. (Veja as recomendações de cuidado anteriores e o exercício de respiração por narinas alternadas no capítulo 6);
- Movimente seu corpo suavemente. O exercício motiva um sistema nervoso dissociado e sonolento;

- Passe tempo com pessoas de confiança;
- Ouça podcasts educativos sobre apego;
- Dissociação consciente e saudável acalma o medo. É útil encontrar maneiras de desligar o cérebro do medo para que o corpo possa relaxar. Filmes com temas leves ajudam. Dessa forma, a mídia pode ser uma distração consciente em vez de uma fuga que adormece a mente.

Se sua mãe está envolvida de maneira excessiva, como vimos com Malabar em *Jogo Selvagem*, a proteção inclui estabelecer novos limites com ela. Para aprender a fazer isso, você pode precisar evitá-la por um tempo. O espaço físico e emocional permite que você experimente suas próprias emoções de maneiras que nunca experimentou antes. Livre para fluir, suas emoções podem lhe ensinar o que você precisa fazer para se sentir segura perto de sua mãe.

Substituindo a orientação materna perdida

Crescemos respirando as expectativas dos pais, por isso muitos de nós inconscientemente criamos uma vida que reflete os valores deles, e não os nossos próprios. As esperanças que os pais nutrem em relação aos filhos costumam ser uma mistura de objetivos explícitos e implícitos — aqueles que eles não dizem em voz alta. Essas mensagens podem ser contraditórias e confusas para você. Por exemplo, sua mãe pode ter lhe dito que você poderia ser o que quisesse, mas ela incentivou apenas os seus irmãos a ingressar em uma universidade. Ou talvez sua mãe tenha se sentido ameaçada pela ideia de que você pudesse se tornar bem-sucedida e a deixasse, então ela desencorajou seus talentos.

Quando você sente que há uma parede invisível entre você e a vida que deseja, uma orientação objetiva pode ajudar. Você precisa de um guia que possa descobrir os contratos ocultos que você tem com sua mãe (ou outros cuidadores) que estão te impedindo. Esses contratos ocultos podem ser lições internalizadas que sussurram: *seja feliz, mas não mais feliz do que eu* ou *case-se para que eu não precise mais cuidar de você* ou *Ganhe muito dinheiro para que algum dia você possa cuidar de mim.*

Um exercício de proximidade

Eu ajudo mulheres a localizar necessidades maternas perdidas com um exercício simples, mas poderoso. Você pode tentar isso com uma amiga em quem confie.

Antes de começar, fazemos um trabalho preparatório para construir confiança e calor em um espaço terapêutico seguro. Então, peço para minha cliente me ver como sua mãe. Eu a tranquilizo de que podemos parar a qualquer momento. Quando ela estiver pronta, eu me levanto e vou até o centro da sala, a cerca de 1,20 metros dela. Aqui está um exemplo de uma interação típica:

KM: Agora eu sou sua mãe.

Eu faço uma pausa e espero até que os olhos dela fiquem mais apagados. Então, lentamente, dou dois passos à frente. Eu observo. Se ela amolecer ou se inclinar em minha direção, eu dou mais um passo à frente. Faço uma pausa e espero. Quando ela relaxa, eu volto para a primeira posição e observo. Se os ombros dela caírem ou o rosto ficar triste, isso me informa que ela não queria que eu fosse embora.

KM: Você quer que eu volte?
Cliente: Sim.

Então, eu dou um passo à frente novamente.

KM: Como se sentiu agora?
Cliente: Melhor.
KM: Como se sentiu quando eu dei um passo para trás?
Cliente: Triste... vazia.

Acabamos de descobrir que ela prefere proximidade. Ela se beneficiará de tarefas de cuidados para curar a Fome de Mãe.

Vamos ver o que acontece quando eu dou um passo em direção a uma cliente e ela estremece ou encolhe. Nesse caso, eu paro e volto dois passos para trás. Eu espero. Observo a linguagem corporal dela. Se ela ainda estiver desconfortável, dou mais dois passos para trás para permitir mais espaço entre nós, observando o rosto, os olhos e a postura dela em busca de sinais.

KM: Se sente melhor assim?
Cliente: Sim.
KM: Ok, vamos tentar algo diferente.

Eu coloco minha cadeira de escritório entre nós, criando ainda mais distância. Eu observo a expressão dela. Às vezes, a postura dela cai ou ela parece confusa.

KM: Como você se sente com essa distância?

Cliente: Eu não gosto disso.
KM: Ok.

Eu coloco a cadeira de volta no lugar e dou dois passos para frente novamente.

KM: Melhor?
Cliente: Sim, melhor.

Vejo o suspiro de alívio dela. Encontramos o ponto ideal. Ela quer proximidade, mas não muita.

Às vezes, antes que uma cliente possa relaxar, eu literalmente saio pela porta do escritório. Quando uma cliente precisa que eu me afaste neste exercício, é provável que ela não tenha se sentido segura perto da mãe, sugerindo que a proteção inicial estava ausente.

Cada um de nós tem uma janela de tolerância para a quantidade de proximidade humana que deseja. Ao longo deste exercício silencioso e poderoso, estou avaliando as preferências de apego de uma cliente: *quanto é demais?* Compreender a configuração única do seu estilo de apego é como encontrar sua bússola interna ou um mapa que orienta seu autoconceito e sentimentos sobre os outros. Localizar a bússola interna que guia suas necessidades de apego ilumina suas escolhas inconscientes. É como encontrar uma peça de joalheria perdida — uma que você esqueceu que tinha — é emocionante. Você não quer perdê-la novamente.

Para preservar a joia recuperada, discutimos o que acabou de acontecer durante esse breve exercício e o que isso significa. Tal conversa ativa simultaneamente o lado esquerdo do cérebro e fortalece a nova conscientização do lado direito do cérebro. Este é um passo em direção à integração da memória implícita e da memória explícita — tornando sua história mais pessoal e útil para você.

A dor do pedido de desculpas

Muitos de nós somos especialistas em agir como se não fosse grande coisa quando alguém magoa nossos sentimentos. Engolimos a dor para evitar o conflito. Por outro lado, alguns buscam vingança quando alguém nos machuca — queremos que eles sintam o quanto estamos sofrendo. A maioria das pessoas aprende essas estratégias muito jovem pois, quando nossa mãe feria nossos sentimentos, ela não se desculpava. Nos tornamos mestres em fingir que estávamos bem quando não estávamos.

A Dor do Pedido de Desculpas é um termo que criei para descrever o desejo de que sua mãe visse o quanto ela te magoou e pedisse desculpas, a ânsia para que ela demonstrasse remorso. Você espera por um pedido de desculpas, tem expectativa que sua dor acabe quando ela reconhecer o que fez de errado. Mas muitas mães não reconhecem seus comportamentos prejudiciais ou se desculpam por eles. Elas não sabem como, ou sentem muita vergonha, ou simplesmente não conseguem se colocar no lugar do outro.

O legado de uma mãe que não pede desculpas é incrivelmente doloroso. Você pode não reconhecer um pedido de desculpas sincero de outra pessoa, porque nunca experimentou um nos seus primeiros anos de vida. Um pedido de desculpas é mais do que apenas a palavra *desculpe*, embora seja um bom começo. Um verdadeiro pedido de desculpas envolve duas coisas: reconhecimento da sua dor e esforços para corrigir o comportamento prejudicial. Vamos explorar o que um pedido de desculpas não é:

- **Um pedido de desculpas não é uma desculpa.** Qualquer pessoa que siga a palavra "Desculpe" com a palavra "mas" deve te deixar nervoso. "Desculpe por ter te batido, mas você precisa parar de ____________ (reclamar, discutir, fazer birra, etc.)" ou "Desculpe por ____________ (gritar com você, sair andando, te punir, etc.), mas você é tão difícil";
- **Um pedido de desculpas não é uma negação.** Se alguém tenta te convencer de que a sua realidade não é verdadeira, isso não é um pedido de desculpas. Isso é uma maneira de evitar sentir remorso. Palavras como "Foi realmente tão ruim assim?" ou "Você está sendo sensível demais" agravam ainda mais a dor. Esse tipo de pedido de desculpas te pede para ignorar o que você sente e adiciona vergonha à dor. Tentativas de vergonha se escondem atrás de desculpas falsas, como quando alguém diz: "Sinto muito por você se sentir assim", como se seus sentimentos acontecessem em um vácuo. Não apenas esse pseudopedido de desculpas é inútil, mas se você já foi magoado antes, agora provavelmente ficará com raiva também.
- **Desculpas não são manipuladoras.** Se alguém se desculpa de um lugar de autopiedade, essa pessoa quer o seu perdão sem merecê-lo. Pode soar como: "Eu sou um desastre, não consigo me controlar quando ____________ (bebo demais, olho para outras mulheres, trabalho até tarde, esqueço seu aniversário); é só o jeito que eu sou..." Isso não é um pedido de desculpas.

Uma mãe manipuladora pode pedir desculpas assim: "Desculpe por ter te batido. Mas você realmente me deixou com raiva. Quando você age desse jeito, não consigo evitar..." Ela começa a chorar. "Mas eu sinto muito... Eu te amo; por favor, venha aqui e me dê um abraço." Esse tipo de pedido de desculpas é tóxico, e coloca a culpa na vítima. Quando uma mãe lhe culpa pelo comportamento dela, ela está reagindo à sua própria impotência não examinada. Ela distorce a verdade sobre o que está acontecendo. Você não causou e não causa a dor dela.

Um pedido de desculpas real pode ser assim: "Vejo que o fato de eu beber tem te chateado. Eu tenho me atrasado para te buscar na escola. Tenho estado mal-humorada e cruel. Isso não é sua culpa. Eu sinto muito por ter te magoado e não vou mais beber." Essa mãe vê o impacto de suas ações e faz todo o esforço para corrigir seu comportamento. Ela pode procurar ajuda profissional ou participar de reuniões para vícios. Assim, ela repara e constrói confiança pela sua previsibilidade contínua. E interrompe o ciclo que cria a Fome de Mãe.

Quando uma mãe pede desculpas de uma maneira saudável e madura, sua humildade e maturidade emocional mostram como uma pessoa confiável se comporta. Uma mãe confiável tem consciência do seu poder, reconhece quando causa danos e corrige o erro. Contudo, sem tratamento, mães abusivas não têm essa capacidade. Se você tem Fome de Mãe de Terceiro Grau, pode ser que nunca receba um pedido de desculpas real de sua mãe. Embora isso possa ser algo difícil de admitir, é importante saber que você pode se curar *sem o envolvimento dela*. O pedido de desculpas dela certamente facilitaria, mas não é necessário para curar seu coração partido.

É raro perder a esperança de que uma mãe peça desculpas ou mude se ela ainda estiver viva. Em vez de enfrentar a realidade, você espera pela desculpa porque isso parece ser mais fácil. Considere isso como um convite gentil para tentar. Esperar pelo arrependimento dela impede sua capacidade de passar pelo luto pelas perdas iniciais, preencher as lacunas e começar a aproveitar a sua vida. Esperar pode ser o maior obstáculo para a cura. O próximo passo necessário é enfrentar o luto.

Compreendendo o luto

Na minha prática, eu ouço histórias sobre abandono e tristeza de partir o coração. Zombarias, negligência e outras formas tóxicas de abuso maternal se somam a uma vida inteira de luto. Embora as histórias sejam únicas, há uma semelhança assustadora em cada uma delas — um tipo de espera eterna e esperança de que uma mãe se comporte como uma mãe. A fantasia de uma mãe amorosa se esconde atrás da busca por algo que preencha o vazio sem nome.

A esperança patológica é uma das melhores obras da natureza. Mecanismos de proteção destinados à ligação nos fazem esperar, mesmo diante de evidências claras de que a mudança não está a caminho. Então, esperamos pela mudança em vez de sentir o que é real. Nosso cérebro nos protege com tampões emocionais até que estejamos prontos e capazes de enfrentar o legado do amor materno ausente. Ocupados em orquestrar a vida perfeita ou em nos anestesiar com excessos de todo tipo, tendemos a achar fácil demais evitar o luto da Fome de Mãe. Assim, o processo de lamentar o amor materno perdido é adiado até que tenhamos o suporte necessário.

"A falta de segurança e proteção durante períodos essenciais de desenvolvimento, a falta de resposta às nossas necessidades afetivas e a falta de reconhecimento do nosso estado interno de espírito podem levar a *estados dissociativos mais tarde na vida, bem como a um luto prolongado e complicado.*"[3] O luto complicado é exatamente o que parece — complicado. Resistente a qualquer estágio específico do luto, a tristeza complicada que se entrelaça com a textura da Fome de Mãe é profundamente incompreendida e difícil de alcançar. Talvez isso também aconteça porque o assunto seja tabu, ou porque a cegueira da traição o mantenha oculto.

O luto relacionado à Fome de Mãe precisa de uma estrutura que convide permissão e reconhecimento para as maneiras complicadas e únicas de como cada um de nós lamenta a perda do cuidado materno. Você está lamentando a mãe que não teve? Você está lamentando o quanto essa lesão de apego impactou sua vida? Ou seus sonhos perdidos? Relacionamentos quebrados e comportamentos destrutivos? Você está lamentando tudo isso?

Luto desautorizado

Quando os pais perdem um filho, amigos e familiares se reúnem para oferecer apoio. Quando alguém se machuca em um acidente de carro ou enfrenta o câncer, as pessoas de convívio próximo respondem com comida, flores e visitas. O sofrimento precisa de alívio. O coração partido precisa de pertencimento. Esses esforços ajudam a processar o luto. No entanto, sem validação pública, o luto fica estagnado.

O dr. Kenneth Doka cunhou o termo *luto desautorizado* para explicar um fenômeno que ocorre quando enfrentamos uma perda que não pode ser reconhecida abertamente, como o luto que vem de terminar um caso extraconjugal. Como era um segredo e não deveria estar acontecendo, não há apoio para a perda. O luto desautorizado não tem para onde ir.[4] Quando não temos um nome para o que nos dói ou um lugar para falar sobre isso, o processo de luto congela.

Quando li *O Acerto de Contas de uma Mãe*, a memória de Sue Klebold sobre ser a mãe de um dos assassinos de Columbine, o conceito de luto desautorizado realmente me tocou. Eu podia sentir seu desespero, sua total impotência e choque. Como ela poderia lamentar a perda de seu filho quando ele havia causado tanto mal de uma forma tão horrível? A quem ela poderia recorrer em busca de compreensão? Nos meses após essa tragédia, Sue se sentiu como um animal assustado e perdeu 11 quilos. Ela teve ataques de pânico e recusou a quimioterapia para o câncer de mama. O isolamento e o medo a levaram a compreender os sentimentos suicidas de seu filho. O luto congelado fez com que ela quisesse morrer.

Embora eu perceba intuitivamente a natureza pegajosa do luto, o conceito de luto desautorizado do dr. Doka me ajuda a entender cognitivamente como e por que a Fome de Mãe é tão paralisante. Não há lugar para falar sobre essa lesão e há pouca conscientização pública. Mesmo o agora amplamente respeitado Questionário ACE não inclui "ter uma mãe abusiva ou assustadora" em seu conteúdo. (Ele inclui testemunhar a mãe sendo abusada, no entanto, ilustrando como conseguimos fazer espaço para mães como vítimas, mas não como perpetradoras.) O luto desautorizado está tão intrinsecamente ligado à Fome de Mãe que é o normal; o *luto congelado é a essência da Fome de Mãe.*

No campo da psicologia, o conceito de luto "normal" nos diz que o luto acontece em estágios previsíveis que terminam com a resolução[5]. No entanto, o luto "anormal", de acordo com os especialistas em psicologia, não passa por estágios previsíveis. Ele fica preso em padrões de lamento. Os padrões de lamento se parecem com o seguinte:

- **Protesto**: Argumentar ou exigir, e explosões de raiva.
- **Sofrimento Constante pela Perda**: Luto prolongado, ser assombrado pela perda.
- **Desespero**: Depressão, desesperança e resignação.
- **Desconexão**: Dissociação, luto congelado. Às vezes, um processo, comportamento ou substância viciante entra em cena e o processo de luto não acontece.

Como cada mulher com Fome de Mãe está em algum lugar no emaranhado de "luto anormal" — presa em vários padrões de protesto, saudade, desespero e desconexão — esses sintomas não são anormais para mim. Na verdade, esses sintomas de luto são tão comuns que lhes dei um nome. Por exemplo, a dor do pedido de desculpas é parte da fase de Sofrimento Constante pela Perda. Nomear a dor do pedido de desculpas ajuda as mulheres a começarem a se desapegar da fantasia de que sua mãe eventualmente diria "Desculpe". Também ajuda as mulheres a evitarem transferir a dor do pedido de desculpas para um cônjuge, amigo ou filho adulto.

Deixe-se imergir

Viver com a Fome de Mãe é como estar preso dentro de uma jaula de raiva e desejo. Como Sue Klebold, às vezes você não consegue comer. Outras, come tanto que se sente enjoada. Esses padrões são *normais*. À medida que a cura surge, começarão a surgir as emoções que você não pôde sentir quando era criança. Às vezes, o luto se parece mais com ansiedade ou raiva do que com tristeza ou desespero. Permitir-se sentir essas emoções pode parecer errado e desorientador, pois fomos programados para evitar a dor emocional. Além disso, nossa cultura espera que superemos a adversidade emocional rapidamente, deixando-nos sem tempo para o luto.

No livro de Tina Gilbertson, *Constructive Wallowing*, ela compartilha uma ferramenta poderosa que funciona muito bem para curar a Fome de Mãe. Ela nos convida a imergir — imergir na tristeza, no luto e no desespero. Admiro como Gilbertson ressignifica o ato de afundar, transformando as conotações negativas de preguiça ou autopiedade em um processo ativo e útil. Gilbertson vê o imergir como "deixar-se afundar" — permitir que as emoções tenham espaço e atenção. Embora alguns possam considerar o imergir como indulgente, acho que Gilbertson está completamente certa. Imergir é uma maneira poderosa de lidar com emoções difíceis. Ignorar não funciona; apenas ficamos deprimidas. Reprimir não funciona; o sentimento acaba escapando de outras formas. A negação abandona ainda mais a garotinha dentro de nós, que escondeu as emoções que sua mãe não conseguia tolerar. Já sabemos como fazer isso. Está na hora de aprender algo novo.

Deixar-se imergir pode soar assustador. Você pode se perguntar se as emoções negativas poderiam te sobrecarregar. E se você nunca sair da cama? Essas são preocupações normais, mas lembre-se de que evitar sentimentos negativos é, na verdade, evitar a si mesma. A cura vem de enfrentar o medo, de estar presente com as partes feridas de você que sua mãe não viu e não conseguiu tolerar. Deixe os sentimentos marginalizados fluírem para a alma. Enfrente as partes de si mesma que você tem escondido.

Sempre que possível, reserve um tempo longe do trabalho, dos parceiros ou dos filhos e cuide desses sentimentos. Cubra-se com um cobertor pesado e encolha-se como se estivesse sendo abraçada por uma mãe amorosa.

Pertencimento

Aqui está como uma mulher descreve sua cura:

> Três anos depois que minha mãe faleceu, veio o primeiro fim de ano em que a ausência dela não doeu. Celebrei minha mãe com algumas fotos nas redes sociais e passei o dia no meu jardim — a Mãe Natureza sempre foi sagrada para mim, e eu prezo o fato de ser sua cuidadora. Tenho primas e sogras que são tesouros para mim, e passei um tempo sendo celebrada pela minha família com uma linda refeição.[6]

Encontrar lugares onde pertencemos cura a Fome de Mãe. Sem um senso de pertencimento, buscamos substitutos viciantes para anestesiar nossa solidão. Embora a solidão possa parecer mais segura do que arriscar uma conexão, encontrar um lugar onde você tenha alívio temporário dos seus próprios pensamentos é uma parte essencial da cura da Fome de Mãe. A pesquisa pioneira de Bruce Alexander sobre vícios torna essa verdade irrefutável. Em sua pesquisa, ele percebeu que quando ratos eram colocados sozinhos em uma gaiola com uma garrafa de água comum e uma garrafa de água com cocaína, eles bebiam a água com cocaína até adoecer e morrer. No entanto, quando Alexander deu aos pequenos mamíferos algo para fazer (brinquedos, rodas) e alguns companheiros (outros ratos), os animais beberam a água comum e evitaram a água com cocaína.[7] Como os ratos têm cérebro semelhante ao nosso, o estudo de Alexander destaca e normaliza nossa necessidade de pertencimento humano.

Encontrar um lugar a que pertencemos parece muito mais fácil do que realmente é. Você provavelmente já tentou. Grupos de mulheres podem ser lugares assustadores. Talvez você tenha aprendido que igrejas também não são seguras. Por isso, eu amo os programas de 12 passos. São lugares gratuitos e, livre de julgamentos e onde há senso de pertencimento. Se a ideia te assusta, experimente uma reunião por telefone ou um grupos *online*.

Divorciando-se da mãe

Às vezes, o comportamento de uma mãe, assim como sua falta de remorso, são tão dolorosos que exigem que você se separe dela. "Divorciar-se" da mãe é um último recurso que não é uma solução para a Fome de Mãe — é mais uma estratégia de sobrevivência. Simplesmente não é possível continuar se expondo a ela.

Quando você enfrentar essa decisão, certifique-se de tomá-la com a consulta e o cuidado de um profissional que testemunha sua dor. Decidir divorciar-se da própria mãe nunca deve ser feito com raiva ou como uma tentativa de "vencer" e finalmente se sentir poderosa. Em vez disso, como qualquer outro limite saudável, uma decisão dessa magnitude deve vir após uma consideração cuidadosa e de um lugar de paz. Isso não significa que você não se sentirá triste. O luto faz parte de qualquer processo de divórcio. E divorciar-se de sua mãe pode ser o divórcio mais doloroso de todos.

Uma mãe celestial

Quando você está se curando de um término traumático ou de uma lesão, você precisa de alguém para estar ao seu lado, alguém com quem você possa contar às 3 da manhã, quando as coisas parecem sombrias, ou pela manhã, quando o mundo parece pesado logo no início do dia. Nesses momentos, seu coração busca uma figura materna que te conheça e te ame, alguém que não esteja sobrecarregada pelos seus medos. Nesses momentos, alguns dos meus clientes acham útil se apoiar no abraço de uma mãe celestial.

Historicamente, os seres humanos reverenciaram e adoraram divindades femininas e masculinas. De fato, muitos reconhecem o deus judeu-cristão da Bíblia como sendo tanto masculino quanto feminino. No entanto, forças patriarcais tentaram apagar o lado feminino de Deus da psique coletiva. Por isso, você pode precisar de ajuda para criar uma mãe celestial. Sua engenhosidade será fundamental aqui. Deixe sua imaginação te ajudar: se você não está se sentindo particularmente imaginativa, considere o esforço que foi criar uma mãe fantasiosa quando você era uma menina. Você consegue fazer isso.

Se permita sonhar. Como seria sua mãe ideal? (Se sua mãe ainda estiver viva, você pode se apegar à esperança de que ela mudará, em vez de fazer o trabalho imaginativo que isso exige. Mas, a essa altura, você já sabe que isso é uma tática de adiamento, uma maneira de evitar o luto.) Se você não tem ideia de como criar uma mãe ideal, você pode explorar as figuras de deusas que historicamente veneramos. Para uma mãe cuidadosa, pense na deusa grega Gaia. Alma materna da terra, Gaia fornece vida e nutrição. Às vezes conhecida como Mãe Terra, Gaia tem um nome em cada cultura. Se você precisa de uma mãe protetora, Kali é uma poderosa deusa para invocar. Kali é a deusa hindu que destrói as forças do mal e preserva a liberdade. Amplamente adorada na Índia, Kali é a protetora divina. Imagine o que ela poderia fazer para te ajudar. Quem ela enfrentaria? Para orientação, você pode estudar as deusas que equilibram ferocidade com sabedoria, como Atena e Perséfone. Como elas tomam decisões difíceis?

Há outros lugares para buscar inspiração também. Há mulheres ao seu redor que você admira? Se sim, o que te atrai nelas? É o calor, a força, a confiança ou a beleza? Se você não consegue pensar em ninguém pessoalmente, que tal um personagem de livro ou filme que te inspira? Talvez seja a Mulher-Maravilha, com seus superpoderes, pulseiras que param balas e um laço mágico que faz as pessoas dizerem a verdade. Inspirada pelo amor, o criador da Mulher-Maravilha foi William Marston. Sua amante, Olive, era filha de Ethel Byrne, a qual, junto com sua irmã Margaret Sanger, desenvolveu o que hoje é o Planejamento Familiar e forneceu alguns dos primeiros acessos ao controle de natalidade.[8] Essa história é uma grande fonte de inspiração.

O ponto aqui é dar a si mesma permissão para voltar-se para dentro com um propósito deliberado: encontrar uma mãe celestial que possa te oferecer bondade e amor. Então, entregue-se a esse amor. À medida que faz isso, o amor se entrelaçará nos seus tecidos e, com o tempo, você poderá se tornar sua própria mãe interna, cheia de ternura e proteção.

EMDR

Para aqueles que já estão trabalhando com um terapeuta, vocês podem conhecer o EMDR (terapia de dessensibilização e reprocessamento por meio de movimentos oculares). Talvez tenham tentado. Se sim, espero que tenha sido útil, mas se não funcionou para você, talvez seja porque você não conseguiu encontrar um "lugar seguro". "Lugar seguro" é parte do protocolo original desenvolvido por Francine Shapiro. Embora o "lugar seguro" seja uma estratégia comprovada para iniciar o EMDR, ele pode ser um obstáculo para aqueles que não têm ideia de como realmente é um lugar seguro.

Há alguns anos, usando o EMDR para ajudar uma cliente a imprimir sua mãe celestial, percebi que o protocolo padrão do EMDR com o "lugar seguro" bloqueava o processo. Na verdade, isso aconteceu repetidamente. Muitas das minhas clientes simplesmente não conseguiam encontrar um "lugar seguro". Mulheres sem proteção materna muitas vezes não sabem qual é a sensação de segurança. Pedir para elas encontrarem um "lugar seguro" parecia causar frustração ou vergonha desnecessária. Clientes esquivas ficaram irritadas e decidiram pular o EMDR. Outras clientes mais ansiosas tentaram fazer para me agradar, mas o protocolo parecia frio e sem vida. Após algumas falhas, eu também fiquei frustrada. Decidi ver se o EMDR poderia funcionar sem um "lugar seguro". E funcionou. E os benefícios eram bons demais para serem ignorados. Silenciosamente, estava obtendo ótimos resultados.

Na conferência da Associação Internacional de EMDR de 2017, o trabalho de Marshall Wilensky e Katie O'Shea chamou minha atenção. O artigo deles intitulado "Quando o lugar seguro não funciona" literalmente me parou. Ao ler o artigo, validei minha experiência com o "lugar seguro" e também aprendi sobre uma pequena janela de tempo no útero, antes de o feto estar conectado à mãe biológica. Durante as primeiras cinco a seis semanas pós-concepção, o sistema nervoso primitivo já está em funcionamento (temos um cérebro no final da quarta semana), e cerca de cem mil neurônios estão disparando, portanto, é possível que alguma experiência antes de nos conectarmos com nossa mãe biológica seja armazenada em nosso corpo e mente. Talvez, sugerem eles, nessa pequena janela, antes de nos conectarmos a uma mãe ansiosa, ambivalente ou infeliz, exista uma memória corporal de segurança.

Sentindo-me melhor, modifiquei sem culpa o EMDR com clientes, com uma confiança renovada de que a sensação interna de segurança poderia existir. Avancemos mais um ano e conheço a dra. Laurel Parnell, criadora do EMDR focado no apego. Ela validou as razões pelas quais o protocolo de contagem, que também faz parte do EMDR tradicional, não estava funcionando tão bem para mim ou para minhas clientes. Orientações valiosas como essa são, na realidade, bem úteis. Espero que, se você havia desistido do EMDR anteriormente, considere tentar novamente com um clínico que tenha sido treinado com os conhecimentos da dra. Laurel Parnell.

Trauma relacional de longo prazo

Quando o corpo é tratado como um campo de batalha, os padrões de apego desorganizado são duradouros. Conquistar a segurança exige mais esforço do que curar formas mais brandas de Fome de Mãe. Se você é vítima de Fome de Mãe de Terceiro Grau, em primeiro lugar, precisa encontrar um relacionamento seguro com alguém comprometido com o seu bem-estar. Patricia DeYoung escreve que "o trauma relacional de longo prazo deixa nossa psique marcada de forma efetiva".[9] A Fome de Mãe de Terceiro Grau é um trauma relacional de longo prazo. A marca "efetiva" é uma cicatriz no seu coração. É por isso que você precisa de um guia competente para ajudá-la. O trauma da Fome de Mãe de Terceiro Grau não vai cicatrizar sem um relacionamento seguro. A falta desse relacionamento explica por que as mulheres não melhoram em hospitais psiquiátricos.

Fundamentalmente, o tratamento para essa ferida indescritível deve focar primeiro no apego desorganizado ao invés do trauma, porque o relacionamento materno quebrado é o trauma. Um relacionamento seguro com um adulto confiável é a cura. Uma vez estabelecido um relacionamento seguro, o trabalho com o trauma pode nem ser necessário, porque a cura do apego é a cura do trauma.

Esse processo sofisticado de cura do apego exige um terapeuta informado sobre trauma — alguém que possa se perder *com* você na desorientação e desorganização que você sente na sua mente e corpo; alguém que possa tolerar a profundidade do luto que você está vivenciando. Só quando você se *sente* compreendida — quando seu corpo sabe que alguém está profundamente vivenciando essa loucura com você — é que pode voltar para si mesma.

Encerramento

Dentro de cada mulher que busca suporte para a Fome de Mãe há uma garotinha cuja linguagem aprendo a entender. Minhas clientes não se importam com o carro que dirijo, onde moro, ou se como glúten ou não (bom, se importam, sim). Conforme iniciamos o tratamento, elas simplesmente precisam que eu esteja presente, que note cada micro movimento no seu rosto e responda de maneira apropriada. Eu nem sempre acerto. Mas, quando perco alguma pista e há uma desconexão momentânea, é uma oportunidade para reparo — uma chance de mostrar como e quando uma mulher cuidadosa assume a responsabilidade pelo bem-estar do relacionamento. Isso é a boa terapia em ação. E isso é o que um terapeuta informado sobre trauma oferece.

Curar a Fome de Mãe é um processo não linear e fluído. Nenhuma linha do tempo pode revelar o esforço necessário ou o cronograma que levará aos melhores resultados. No entanto, o que achei muito útil é abandonar a ideia de uma linha de chegada. Você não precisa dessa pressão. Como uma dor de pedido de desculpas, buscar por um desfecho é ansiar por uma fantasia. Mesmo quando você usa todas as ferramentas e sua vida começa a melhorar, haverá dias em que o luto o encontrará novamente — como no Dia das Mães. O Dia das Mães é um dia particularmente horrível para muitas filhas adultas. Abaixo está um e-mail que recebi que captura os sentimentos de muitas mulheres a esse respeito:

> Oi Kelly,
> Obrigada pelo convite para escrever para você. Eu odeio o Dia das Mães. Minha mãe era insaciável em relação a cartões, presentes e telefonemas, e nada era bom o suficiente para ela. Todos os anos, esse dia era uma armadilha para o fracasso, e eu o temia. Me tornei madrasta aos 30 anos, e então esse dia era duplamente horrível, já que os três filhos saiam com o pai ou todos nós saíamos para comprar presentes e cartões para a mãe deles. Eu me sentia [como] uma impostora tentando participar enquanto pensava: "Isso não é meu trabalho."
> Não tenho filhos, e a cada ano preciso me preparar para o fato de que meus enteados podem ou não me mandar mensagem ou ligar. É um dia solitário. Se, ao sair os balconistas de supermercados, funcionários de restaurantes ou donos de lojas me desejarem um Feliz Dia das Mães, eu sorrio respeitosamente, mas por dentro me sinto uma fraude. Minha própria mãe uma vez disse: "Ter enteados não é ser mãe de verdade, né?" Este ano me pegou completamente de surpresa e, com a COVID, foi ainda mais difícil. No próximo ano estarei mais preparada.

Quando o luto volta, pode ser desanimador. Você pode pensar que é um sinal de que não está se curando, mas isso não é verdade. O luto contínuo que faz parte da Fome de Mãe está relacionado ao que é conhecido como *perda ambígua*. É difícil enfrentar um problema sem a promessa de uma solução rápida e sem dor. No entanto, a falta de um encerramento claro é a natureza do luto marginalizado e da perda ambígua, e não uma indicação de patologia.

Em vez de esperar que seu coração fique livre de dores periódicas, observe os momentos em que você já não se esconde sob uma manta de vergonha. Embora essa ferida talvez nunca cicatrize, você ganhará uma paz interior à medida que substitui o cuidado materno perdido e transforma a dor em propósito. Dessa forma, você se tornará mais capaz de tolerar os inevitáveis dias sombrios. Acho que o trabalho de Patricia DeYoung com a vergonha tóxica é útil no que diz respeito à cura. Ela diz que podemos nos tornar resilientes à vergonha. "A vergonha pode ser transformada, e a transformação acontece na conexão com alguém que está próximo e regula nosso sistema nervoso."[10]

O mesmo é válido para a Fome de Mãe.

Ao trabalhar para substituir o cuidado, a proteção e a orientação, lembre-se de que isso é um processo contínuo. Você está construindo um novo cérebro, e como qualquer nova rotina, leva tempo até que você sinta os resultados. Por favor, não faça tudo isso sozinha. Você esteve sozinha por tempo suficiente. Seu corpo é projetado para o bem-estar, mas somos criaturas relacionais e precisamos de conexão com os outros. Curar a Fome de Mãe traz você de volta para casa — para si mesma — mas é realmente útil quando você tem uma rede de apoio próxima de você.

Recuperando sonhos e objetivos danificados

Esta é uma maneira divertida e produtiva de identificar seus desejos e sonhos. Para começar, vamos preparar o seu cérebro.

- **Pense em quatro das suas conquistas mais significativas até agora. O que você mais se orgulha de ter realizado?** (Por exemplo, abster-se de álcool, concluir um programa acadêmico ou mudar-se para uma nova cidade são todas conquistas significativas.)
- **Quais são suas quatro maneiras de expressar criatividade?** (Planejar refeições, entreter amigos e familiares ou criar música e arte são apenas algumas ideias.)
- **O que dá significado à sua vida? Liste quatro coisas que te fazem sair da cama de manhã.** (Tente pensar em coisas que fazem você sorrir, como seu animal de estimação, aula de yoga ou uma xícara de café.)

Agora seu cérebro está pronto para a próxima parte.

- **Pense em sete palavras para descrever a si mesma, como *engraçada, bonita, resiliente, criativa*.** (Este é o *eu* que mais se parece com você, não o *eu* que se preocupa com o que os outros pensam.)
- **Pense em sete coisas que você gosta de fazer e que lhe dão um senso de propósito e significado.** (Volte para as três listas anteriores se precisar de ideias.)
- **Quando você tiver todas as quatorze palavras descritivas, escolha suas três favoritas.** (Por exemplo, palavras para descrever a si mesma podem incluir **forte**, **bonita**, **persistente**, **engraçada**, **quieta** e **inteligente**. Agora, você escolhe suas três favoritas, como (1) **engraçada**, (2) **persistente**, (3) **bonita**.)

Agora, escolha suas três atividades favoritas. (Por exemplo, (1) ler, (2) cozinhar, (3) tricotar).

Agora é hora da finalização: vamos operacionalizar o que você montou. Pegue suas três palavras favoritas de cada categoria e faça uma frase. (Por exemplo: *"Eu sou engraçada, persistente e bonita, eu consigo ler, cozinhar e tricotar."*)

- Quando você tiver sua frase, considere-a como sua bússola interna para a vida. Ela pode oferecer orientação para suas escolhas e decisões.
- Quanto do seu dia a dia reflete essa afirmação? Dez porcento? Trinta? Sessenta?
- O que você pode fazer para aumentar essa porcentagem?
- Quanto mais sua vida refletir quem você realmente é, menos você precisará preencher o vazio com comportamentos ou pessoas prejudiciais.

10: MATERNANDO COM FOME DE MÃE

Adoro trabalhar com mães em todas as fases da vida, pois juntas interrompemos a transmissão geracional da Fome de Mãe. Se você está lendo isso e sentindo arrependimento porque seus filhos já cresceram, saiba que sua cura os impacta positivamente em qualquer idade. Isso não acontece porque você conta a eles sobre o que está fazendo; na verdade, eles provavelmente não querem ou precisam ouvir sobre isso. Mas à medida que você se cura, a forma como fala, sua expressão facial e até os movimentos do seu corpo mudam. Energeticamente, seu corpo transmite mensagens de segurança e conforto para todos ao seu redor. Substituir os elementos perdidos do amor materno melhora a forma como você ama a si mesma e aos outros.

Descobri que as mulheres que curam a dor da Fome de Mãe tornam-se mães extremamente atentas e amorosas. Repetidamente, testemunhei a transformação de laços rompidos entre mães e filhas adultas. Como mencionei, já que nunca superamos completamente o desejo por uma mãe, as filhas quase sempre apreciam os esforços de reparação de suas mães. Para aquelas que já têm filhos, sintam-se encorajadas: à medida que você se cura da Fome de Mãe, seus esforços são transmitidos a eles.

Começando com bebês

Se está considerando a maternidade, esta mensagem é para você. Na verdade, uma exploração profunda da maternidade sob a ótica da Fome de Mãe mereceria um livro à parte. Mas, por ora, esta breve seção pode ser útil.

Gostaria de enfatizar que cada elemento de que seu bebê precisa — cuidados, proteção e orientação — são também suas necessidades. Para cuidar bem, você precisa ser cuidada por amigos e familiares. Para proteger seu bebê, precisa estar segura. Se você quer algo diferente do que sua mãe lhe ofereceu, você precisa da orientação de outras mães. Mulheres que apoiem seu desejo de criar um vínculo com seu bebê. Mães que celebrem sua vontade de ser gentil e responsiva. Mães que já percorreram esse caminho.

Fique tranquila: mesmo com Fome de Mãe, você pode cuidar bem quando se permite seguir a orientação da própria natureza. Quero compartilhar algumas ideias para contrabalancear informações culturais dominantes, mas equivocadas, sobre os cuidados com bebês, oferecendo mais opções para decisões importantes.

Pode ser curativo, e até mesmo libertador, descobrir uma orientação que não seja tóxica nem influenciada por interesses alheios. Recentemente, uma cliente me apresentou um recurso interessante para mulheres que têm dúvidas sobre ter filhos ou não: "o *coaching* de clareza sobre a maternidade". Esse tipo de acompanhamento ajuda mulheres a navegar por pressões culturais e expectativas familiares para encontrar sua própria verdade sobre ter ou não filhos. A maternidade transforma vidas e, definitivamente, não é para todas. Ter apoio nessa decisão é essencial, já que as pressões vêm de todos os lados, tornando tudo ainda mais difícil.

Frequentemente, a Fome de Mãe altera nossa bússola interna para o cuidado de um bebê. Para quem vive a Fome de Mãe de Terceiro Grau, o sentimento de amor puro por um bebê pode ser tão desconhecido que acaba gerando ansiedade e estados dissociativos, além do forte desejo de cuidar e proteger. Essas emoções conflitantes podem ser extremamente confusas e sobrecarregar o processo de vínculo e apego. Antecipar essa possibilidade e saber que isso é normal pode ajudar muito.

A psicoterapeuta Susan Forward diz: "Não existe um interruptor mágico que ative o instinto materno e garanta que uma mulher, especialmente uma que enfrenta dificuldades, subitamente crie um vínculo com seu bebê."[1] Embora haja um elemento de verdade nisso, particularmente se você sofre de Fome de Mãe de Terceiro Grau, você *tem*, sim, um interruptor mágico — a ocitocina. A natureza lhe dá o que é necessário para criar um vínculo com seu bebê. Infelizmente, nossa cultura não apoia esse poderoso processo de apego natural. As exigências do mundo exterior exercem uma pressão imensa sobre você. Os problemas surgem quando especialistas desinformados intervêm e desviam o curso natural que ajudaria você a se tornar mãe. Tenha cautela com os especialistas em treinamento do sono que afirmam que seu bebê consegue se acalmar sozinho, que ele precisa de separação ou que seu filho pequeno deve ser colocado de castigo; essas pessoas não estão preocupadas com o apego. Seus conselhos equivocados podem impedir que você acesse o interruptor mágico da natureza e desenvolva o comportamento de cuidado de que você e seu bebê precisam.

Ocitocina: o interruptor mágico da natureza

Assim como todos os outros mamíferos, somos biologicamente programados para criar laços com nossos bebês. A biologia nos oferece um poderoso suporte neuroquímico para nos ajudar a nos tornarmos mães. Lembre-se da última vez em que você se sentiu profundamente conectada a alguém. Você se sentiu aquecida? Esperançosa?

O vínculo é prazeroso porque a ocitocina está em ação, criando uma experiência positiva que você desejará repetir várias vezes — não porque você seja carente, mas porque você é humana. A ocitocina, às vezes chamada de *hormônio do amor*, é um poderoso neurotransmissor que inunda o corpo quando nos aconchegamos com alguém que amamos, experimentamos um orgasmo, damos à luz ou produzimos leite materno. Tanto homens quanto mulheres possuem receptores de ocitocina que facilitam a criação de laços afetivos. As mulheres têm mais oportunidades de vivenciar a ocitocina ao dar à luz ou amamentar, mas mesmo sem essas experiências, a proximidade, o contato, o carinho e os cuidados com uma criança despertam a ocitocina.

A ocitocina transforma um adulto em um pai ou uma mãe — passando a mulher de filha para mãe. Tornar-se responsável pelo bem-estar de um pequeno ser humano vulnerável e completamente dependente é uma jornada extraordinária, e você irá mudar. Mudar dói. Mesmo quando desejamos a mudança, podemos resistir a ela. Resistir a essa transformação específica só torna a maternidade ainda mais desafiadora. Abrace a oportunidade de pausar, desacelerar, ser curiosa e se sintonizar com as mudanças em si mesma e com as necessidades do seu filho.

Se você recebeu amamentação e muito carinho quando criança, adaptar-se a essa nova fase será mais fácil para você do que para alguém que não foi devidamente cuidada. Sem uma noção interna do que significa ser acolhida de maneira sensível e atenta, cuidar de um bebê ou de uma criança pequena pode parecer tanto antinatural quanto assustador. Nesse caso, saber que a biologia está a seu favor ajuda. Permita que a Mãe Natureza a guie, ouvindo os sinais do seu bebê para conforto, alimento e proximidade.

Segure seu bebê o máximo que puder para ativar o interruptor mágico da maternidade; o fluxo de ocitocina depende disso. Não há necessidade de se preocupar com a criação de um bebê excessivamente dependente. Bebês não podem ser mimados. Um bebê que recebe muito contato físico desenvolve um cérebro maior e mais saudável. Uma mãe que permanece próxima ao seu bebê desenvolve um coração maternal. A ocitocina e a prolactina (o hormônio responsável pela produção de leite) são projetadas para desacelerar você, permitindo que crie um vínculo com seu bebê. O "cérebro de mãe" nebuloso, sobre o qual você já deve ter ouvido falar ou pode estar sentindo agora, é uma letargia intencional; trata-se de um convite da natureza para que você relaxe e aproveite esse momento com seu recém-nascido. Consulte o capítulo 3 para mais informações sobre esses poderosos hormônios.

Herança epigenética

Estresse tóxico, gerações de objetificação sexual, falta de apoio e a Fome de Mãe não resolvida deixam muitas mães sem a sabedoria epigenética necessária para guiá-las na transição de filha para mãe. Como grande parte da transmissão epigenética ocorre pela linha materna, a história da sua mãe impacta a sua própria. Ela só pôde oferecer aquilo que recebeu. A ciência da epigenética nos ensina que herdamos tanto a resiliência quanto os traumas de nossos ancestrais.

Mães recentes precisam da mesma atenção que um bebê: cuidado, proteção e orientação. De certa forma, aquelas que sofrem com a Fome de Mãe são tão vulneráveis quanto seu recém-nascido, pois não contam com o apoio materno necessário durante essa poderosa transição. Para interromper a transmissão da Fome de Mãe, cerque-se de uma rede de apoio que a proteja enquanto você dedica o tempo necessário para criar um vínculo com seu bebê. O cuidado e a segurança nos primeiros três anos de vida são a melhor proteção contra adversidades e estresse. Contratar uma doula pós-parto é um excelente começo tanto para você quanto para o recém-nascido.

Parto e estresse

Muitas mulheres na América do Norte nunca presenciaram um parto antes de vivenciá-lo, o que pode tornar esse processo natural estranho e assustador. Se você está se preparando para o parto, compreender o funcionamento incrível do seu corpo feminino ajudará a fortalecer sua confiança, antes mesmo da chegada do bebê. Conhecimento é poder.

O primeiro esforço da natureza para ajudá-la a se tornar mãe começa com a liberação de ocitocina, que atenua a dor do parto. Durante o trabalho de parto, à medida que as contrações aumentam, a ocitocina também se intensifica. Ao mesmo tempo, ela reduz sua inibição, ajudando-a a entrar no ritmo do parto.

Infelizmente, a biologia ainda não desenvolveu uma fórmula de ocitocina forte o suficiente para neutralizar os sons assustadores, os cheiros desagradáveis e as luzes intensas dos hospitais. O medo complica o parto, desencadeando uma cascata neural de adrenalina e cortisol, hormônios essenciais para lutar ou fugir, mas contraproducentes durante o trabalho de parto.

As mulheres não foram feitas para dar à luz em ambientes estéreis e caóticos. Pesquisas mostram que nos saímos melhor em ambientes familiares, com luzes suaves e sons tranquilos, ao dar à luz. Também precisamos da presença de outras mulheres — mulheres que sejam calmas, confiantes e cuidadosas. Por isso, vale considerar alternativas ao hospital, como um centro de parto, uma parteira e/ou uma doula. O crescimento da popularidade das doulas é um avanço positivo. Doulas são acompanhantes que oferecem conforto, encorajamento e apoio durante e após o parto. Elas trabalham ao lado de médicos e parteiras, mas sua única missão é apoiar a mãe. Pesquisas indicam que a presença de uma doula aumenta a liberação de ocitocina.[2] Com uma doula ao seu lado, o parto se torna menos assustador e há maiores chances de estabelecer um vínculo precoce com seu bebê.

Amamentação

O leite humano é projetado especificamente para um novo ser humano. O leite materno protege seu bebê de doenças enquanto o sistema imunológico ainda é jovem. O leite materno regula o metabolismo e promove o rápido crescimento do cérebro do seu recém-nascido. A amamentação frequente acalma seu bebê e o relaxa. O leite da mãe é a fórmula perfeita para o vínculo e o apego. Se você está adotando um bebê, talvez queira explorar as formas de estimular a lactação ou considere buscar por leite humano em um banco de leite.

A amamentação pode ocorrer com uma mamadeira ou o seio. E não é apenas alimentação. Amamentar é segurar, acariciar, cantar, limpar e cuidar. Amamentar é cuidado.

Embora as vantagens do leite materno sejam bem conhecidas, a maioria dos médicos não é adequadamente treinada para apoiar você nesse processo incrível. Portanto, aqui estão algumas coisas úteis para saber se você deseja amamentar seu bebê:

- A maioria dos bebês não sente muita fome nas primeiras 48 a 72 horas, então seu reflexo de sucção pode não ser forte o suficiente para segurar corretamente.
- É normal que você possa ter ductos mamários entupidos e dor à medida que o leite chega. Tenha um plano com uma parteira ou doula.
- A prolactina, o hormônio que faz o seu corpo produzir leite, depende de oferta e demanda. O contato com a pele e a amamentação frequente aumentam a prolactina. Quanto mais estimulação do mamilo e da pele, mais fluxo de leite.
- Amamentar com frequência e por longos períodos de tempo aumenta o seu relaxamento e dá ao seu bebê a melhor chance de alcançar o leite posterior — a parte cremosa e rica do leite materno que vem ao fim da mamada e estimula o crescimento cerebral dele.
- Séculos de codificação genética programam seu bebê para a proximidade com seu corpo. Ao nascer, seu bebê já pode sentir e reconhecer o cheiro do seu leite. A proximidade com seu bebê é a melhor coisa para o seu suprimento de leite e para criar um vínculo seguro.

A vulnerabilidade de um corpo que está dolorido após o parto e de repente produzindo leite pode ser avassaladora. Amamentar leva tempo para aprender. Só porque é biológico não significa que seja totalmente intuitivo. Você está começando um novo relacionamento e, como qualquer novo relacionamento, ele é incrível, estranho, emocionante, confuso e, às vezes, doloroso. Se for muito estressante amamentar seu bebê com o seio, fique tranquila, seu pequeno pode prosperar com seu cuidado sensível, independentemente de como você o alimenta.

A alimentação com mamadeira é uma salvação para as mães e um momento de carinho para os bebês quando o contato visual e o toque físico fazem parte do ritual. Felizmente, mesmo quando a amamentação no seio não está indo bem, o contato pele a pele, o carinho compartilhado e as interações brincalhonas manterão a ocitocina fluindo.

Se você tirar apenas uma coisa dessa nota, eu a incentivo a procurar especialistas em lactação ou doulas antes de o seu bebê chegar. Construir uma equipe de apoio lhe dá a melhor chance de sucesso nos primeiros meses juntos. Quero que você tenha muito apoio, porque, se você tem Fome de Mãe, os benefícios hormonais que vêm com a amamentação são muito importantes para ajudá-la a fazer a transição de uma adulta ocupada a uma mãe acolhedora. Como mãe novata, você precisa de tanto cuidado quanto seu recém-nascido. Se você der à luz ou adotar, será o momento mais vulnerável da sua vida, após a sua própria infância. A melhor orientação vem de se sintonizar com os sinais do seu bebê. Mas isso pode ser desafiador em um mundo que exige sua atenção em muitas direções.

Em vez de seguir os horários de alimentação criados pelas empresas de fórmula ou conselhos de especialistas em treinamento de sono, ouça seu bebê. Seu bebê sabe o que precisa para se sentir seguro. O que funciona para um bebê não funcionará para outro. Alguns bebês são mais difíceis de acalmar do que outros devido à exposição ao estresse materno no útero. Ritmos de amamentação interrompidos podem causar problemas alimentares precoces que dificultam o vínculo. A prolactina diminui sem a estimulação adequada do mamilo, diminuindo a produção de leite. Você pode lutar contra a tristeza ou a vergonha se a amamentação for difícil ou quando seu bebê chorar. Se você estiver estressada, pode evitar segurar seu bebê, o que diminuirá seu nível de ocitocina. É fácil ficar presa em um ciclo paralisante de ansiedade e depressão quando isso acontece. Esses desafios são normais. Se você não está produzindo leite suficiente para seu bebê, é provável que precise de mais apoio e orientação. Talvez ninguém tenha dito a você que amamentar um bebê é um trabalho de tempo integral ou que a proximidade noturna com seu bebê aumenta a produção de leite para ser consumido durante o dia, quando você pode estar ausente. É por isso que o treinamento de sono, que alguns profissionais sugerem que deve começar o mais cedo possível, é péssimo para a produção de leite e estressante para o vínculo.

Quebrando o ciclo da Fome de Mãe

Você pode se sentir desorientada com a realidade da maternidade. A perda de liberdade, a ausência de controle e a enorme responsabilidade podem ser avassaladoras. Carregar o peso da Fome de Mãe complica esses sentimentos normais. A mistura de pura alegria e medo absoluto pode desencadear uma crise emocional. Amar seu bebê desperta a verdade enterrada em seu coração e toca sua própria privação e dor. A intensidade dessas emoções pode ser difícil de administrar sem o apoio de sua própria mãe. Espero que, quando isso acontecer, você esteja em um ambiente seguro e cercada de relacionamentos que a confortem e protejam.

Fico muito feliz por você estar aqui aprendendo sobre o *design* da natureza e a importância de receber os cuidados, a proteção e a orientação de que seu filho também precisa. Com consciência, carinho e preparo, você pode maternar a si mesma *enquanto* cuida do seu bebê. Na verdade, ao tornar-se mãe, pode ser a primeira vez em que você cuida de si mesma, porque a vida já não se trata apenas de você, e cuidar de si é também o melhor para seu filho. Ao se nutrir com boa alimentação, sono e conexão com outras mulheres, você interrompe a transmissão intergeracional da Fome de Mãe. Em qualquer fase da maternidade, sua cura é um presente para seu filho — e para o mundo.

Recursos para a maternidade

- A Iniciativa Hospital Amigo do Bebê (Baby-Friendly Hospital Initiative ou IHAB), lançada em 1991, busca garantir que todas as maternidades, tanto independentes quanto hospitalares, se tornem centros de apoio à amamentação. O site da iniciativa pode ajudá-la a encontrar uma unidade de apoio em sua região.
- A Parentalidade com Apego Internacional oferece suporte aos pais com orientações baseadas na ciência e no vínculo afetivo. A *newsletter* deles é muito útil.
- Darcia Narvaez é uma pesquisadora cujo trabalho foca no “bem-estar humano ao longo da vida” e em “atender às necessidades biológicas dos bebês”.[3] Recomendo seu livro *Neurobiology and the Development of Human Morality: Evolution, Culture and Wisdom* e seu blog evolvednest.org).

- O livro *The Baby Book: Everything You Need to Know About Your Baby from Birth to Age Two*, de William e Martha Sears, é um excelente guia escrito por um médico e uma enfermeira que criaram filhos e agora têm netos.
- Outro excelente livro da Biblioteca de Parentalidade Sears é *The Attachment Parenting Book: A Commonsesnse Guide to Understanding and Nurturing Your Baby*, que traz orientações claras e acessíveis sobre a criação com apego.
- Em *Nighttime Parenting: How to Get Your Baby and Child to Sleep*, William Sears explica como a parentalidade noturna é tão essencial quanto o cuidado diurno.
- *Raised Good:* Este blog (em inglês) traz orientações valiosas sobre criação natural no mundo moderno e oferece cursos on-line (raisedgood.com).

CONCLUSÃO

O estresse nos torna irritáveis. Nosso rosto se contrai, não sorrimos e nossa voz soa áspera ou frágil. Enquanto finalizo este manuscrito em meio aos desafios da COVID-19, mães e crianças vulneráveis estão nos meus pensamentos, pois sei que o estresse é simplesmente insuportável para elas. Este livro não seria possível se eu ainda estivesse exercendo a maternidade diariamente. Foi necessário encontrar a linguagem certa para descrever como ocorre a dor primitiva do abandono, assim como formas de explicar as diferentes maneiras pelas quais as mães falham com seus pequenos — mães amorosas, boas mães, mães dedicadas; mães que desejaram seus filhos, que se sentiram preparadas e deram o melhor de si; mães como eu, que não puderam oferecer aquilo que simplesmente não tinham. Eu não teria conseguido escrever este livro se estivesse maternando durante uma pandemia.

Pandemia à parte, escrever sobre a Fome de Mãe foi uma das coisas mais difíceis que já fiz. Mesmo que estivesse escrevendo algo mais leve, como um livro de receitas, ainda teria sido um desafio. Escrever, por si só, é difícil. Felizmente, nos estágios iniciais de preparação, encontrei o livro *Eleanor Oliphant Está Muito Bem*, de Gail Honeyman. A maneira brilhante como ela retrata uma filha negligenciada e dissociada foi a companhia perfeita para o meu processo de escrita sobre a Fome de Mãe. A protagonista de Honeyman é o exemplo perfeito desse fenômeno, vivenciando a necessidade ardente de se anestesiar por meio da fantasia e o conflito interno que surge do abandono precoce.

Alerta de spoiler: Honeyman cria uma personagem fictícia tão real quanto os casos clínicos que acompanho. Na história, Eleanor Oliphant fantasia um relacionamento amoroso com um homem que nunca conheceu. É um dos relatos mais marcantes sobre vício em amor que já vi. Ela também tem ligações semanais com sua mãe, que é cruel e crítica. Não haveria nada de estranho aqui, não fosse o fato de que sua mãe está morta. Essas ligações imaginárias ilustram uma das formas como uma filha sobrevive a um luto e a um trauma insuportáveis. A solidão regada a vodca de Oliphant quase a leva à situação de rua e representa o pior pesadelo de qualquer mulher. Sem nunca ter conhecido o amor materno, Oliphant compartilha uma verdade poderosa: "a solidão é o novo câncer."

Durante esta pandemia, enquanto cobrimos nosso rosto e escondemos nosso sorriso uns dos outros, não consigo deixar de pensar nas consequências do isolamento causado pela COVID-19. Recentemente, uma fotógrafa especializada em bebês e crianças pequenas me contou que, nos últimos quatro meses, tem sido cada vez mais difícil fazer os bebês sorrirem. Essa observação me fez lembrar da pesquisa de Beatrice Beebe e refletir sobre o impacto de longo prazo que rostos mascarados podem ter nos bebês. O que seus neurônios-espelho estão deixando de aprender?

Embora as máscaras possam ser desanimadoras, outras histórias sobre bebês e seus cuidadores em quarentena trazem esperança. Os pequenos nascidos em 2020 chegam a um mundo onde a mãe e outros cuidadores permanecem sempre por perto. Diariamente, ouço pais falarem sobre os benefícios inesperados do confinamento compartilhado com seus bebês. Eles estão se revezando nos cuidados infantis, nas tarefas domésticas e nas responsabilidades profissionais. Isso não significa que estejam imunes ao estresse da pandemia — ninguém está. Mas, para os bebês, a proximidade constante de um adulto pode trazer recompensas valiosas.

No entanto, a violência doméstica e a insegurança financeira minam os benefícios da proximidade, e os números alarmantes de famílias vivendo com medo crônico têm implicações terríveis para a Fome de Mãe de Terceiro Grau. Médicos relatam preocupação com crianças em situações violentas. A Califórnia investiu 42 milhões de dólares para proteger crianças que estão em risco aumentado de abuso e maus-tratos devido à COVID-19.[1] Talvez a boa notícia seja que a COVID-19 está trazendo uma maior conscientização sobre os ACEs (do inglês Adverse Childhood Experiences. Em português, Experiências Adversas na Infância) e o impacto do estresse tóxico nas crianças.[2] Organizações como ACEs Connection, Robert Wood Johnson Foundation e Iowa ACEs 360, entre outras, estão investindo em pesquisa e ativismo para apoiar crianças e famílias.

Em um recente episódio do *CBS Sunday Morning*, durante a pandemia de COVID-19, eu me entusiasmei ao encontrar um segmento inteiro sobre os benefícios da ocitocina. O relatório incentivou-nos a abraçar a nós mesmas.[3] A *Scientific*

American publicou um artigo de Lydia Denworth, autora de *Friendship*, intitulado "A Solidão do 'Distanciamento Social' Desperta Desejos no Cérebro Semelhantes à Fome."[4] Relatórios educacionais como esses removem a vergonha associada à solidão, porque sabemos que todos estamos sentindo isso. A pandemia está trazendo à tona a solidão e nos forçando a reconhecer a necessidade que temos uns dos outros. No futuro, espero que mantenhamos essas informações.

Não sabemos exatamente como o isolamento social, o fechamento das escolas e a crise econômica causados pela COVID-19 afetarão nossa saúde mental, mas sabemos que afetarão. As taxas de divórcio estão aumentando. As mães estão sofrendo ao tentar conciliar as exigências impossíveis e conflitantes do trabalho e da vida doméstica. O estresse mantém nosso sistema biológico de alerta em estado de sobrecarga. No melhor cenário, sairemos dessa experiência com um respeito maior por aqueles que cuidam e oferecem apoio sob pressão, porque, mais do que nunca, precisamos de alguém para manter a casa limpa, o armário abastecido e a família unida. Geralmente, essas responsabilidades recaem sobre as mulheres, mas, ocasionalmente, os papéis de gênero se dissolvem sob a pressão compartilhada de uma pandemia prolongada. Casais e famílias trabalham juntos, pois, se todos estivessem apenas lutando ou fugindo, os relacionamentos simplesmente desmoronariam. Respeitar o instinto de cuidar e apoiar tem implicações duradouras para nossas respostas humanitárias uns aos outros.

Não há como prever com precisão como será o mundo quando este livro chegar às suas mãos. Seremos uma comunidade mais forte e compassiva? Teremos uma nova consciência e respeito pelas necessidades dos bebês e pelas nossas próprias? O instinto de cuidar e apoiar nos fará cuidar melhor uns dos outros? Ou nos adaptaremos a novos níveis de isolamento por meio da comida, do álcool ou de qualquer outra coisa que altere nosso estado emocional?

Encontro consolo, e talvez você também possa encontrar, em *Late Migrations: A Natural History of Love and Loss*, de Margaret Renkl. Suas belas palavras têm um tom profético quando ela diz: "Não há nada, absolutamente nada, a temer. Saia para a primavera e veja: os pássaros o recebem com um coro. As flores se voltam para você. As últimas folhas do ano passado, ainda úmidas nas sombras, exalam um cheiro maduro e levemente outonal."[5] Seu livro fala sobre a resiliência da Mãe Natureza, que está aqui por nós.

O consolo para a Fome de Mãe está no mundo natural. Cuide e proteja a natureza para que ela possa cuidar e proteger *você*. Plante coisas, organize seu armário, coma alimentos que nutram seu espírito. Cuide da sua dor e aproxime-se de quem compreende sua jornada. À medida que se cura, descanse quando estiver cansado e com medo, até se lembrar de que "não há nada a temer".

AGRADECIMENTOS

Equipe Hay House, agradeço por escolherem meu livro para publicação. Seu apoio significa que *Fome de Mãe: como as filhas adultas podem se curar da falta de cuidado, proteção e orientação materna* vai encontrar as mulheres que precisam dele.

Orientação é essencial para todo escritor que deseja compartilhar um manuscrito publicado com o mundo. Agradeço a Ami McConnell, autora e editora profissional, por digerir magistralmente os conceitos e a missão geral deste livro. Sua expertise guiou essas páginas até aqui. Kacie Main, obrigada por reescrever o primeiro capítulo com uma linda visão. Corrine Casanova, obrigada por revisar minha pesquisa e me apoiar. Equipe KN Literary, obrigada por me ajudar com a proposta do meu livro. Agradeço a Mary O'Donohue por me deixar "pronta para os meios de comunicação". Jenn, da Mixtusmedia, obrigada pela orientação sobre redes sociais.

Proteção é essencial para escrever. Justo quando o mundo precisava de refúgio seguro de uma pandemia sombria, nossa casa pegou fogo e precisamos buscar proteção. Reunimos nossos gatinhos e itens essenciais, e fugimos para a casa dos meus pais, a algumas horas de distância. A proteção deles me permitiu continuar escrevendo.

Uma autora precisa de cuidados. Sou eternamente grata às pessoas especiais que cuidaram de mim enquanto eu passava horas na minha mesa de trabalho. Melinda, minha mãe adotiva e amiga, apoiou este projeto sempre que podia. A assistente virtual Audrey Isbell me lembrou de escrever este livro, mesmo quando eu não queria. A querida amiga Jennifer Acker enviava mensagens carinhosas todas as manhãs, oferecendo um refúgio emocional. Margaret Renkl e Millie, escritora, vizinha e cachorrinha especial, ofereceram empatia durante nossos passeios diários. Julieann Myers sentiu a essência deste livro e me ofereceu ótimas contribuições.

Robin Satyshur sempre arrumava tempo para que eu pudesse conversar sobre um capítulo. Britt Frank me ajudou com as redes sociais e consultas ao dentista. Michelle Mays abriu sua casa, viajou até a minha, compartilhou edições e incansáveis feedbacks, e me lembrou da necessidade deste livro.

Morar com um terapeuta/escritor durante uma pandemia global é algum tipo de piada cruel. Apesar das adversidades, Chris McDaniel manteve o armário de lanches cheio e lidou de maneira muito bem-humorada com os revezes da escrita. Chris, obrigada pelo espaço emocional para escrever e pelas incontáveis horas discutindo Fome de Mãe. Garrett, obrigada por cuidar de mim sempre. Admiro muito você. Sou grata por ser sua mãe.

NOTAS FINAIS

Introdução

1. DONOVAN, Lisa. *Our Lady of Perpetual Hunger: A Memoir.* Nova Iorque: Penguin Press, 2020. p. 83.

Capítulo 1

1. KOMISAR, Erica. *Being There: Why Prioritizing Motherhood in the First Three Years Matters.* Nova Iorque: TarcherPerigee, 2017. p. 36.

2. AXNESS, Marcy. *Parenting for Peace: Raising the Next Generation of Peacemakers.* Boulder: Sentient, 2012. p. 192.

3. MATÉ, Gabor. *In the Realm of Hungry Ghosts: Close Encounters with Addiction.* Berkeley, CA: North Atlantic Books, 2010. p. 436. Apud AXNESS, Marcy. Parenting for peace [S.I.], 2012. p.193.

4. AXNESS. *Parenting for Peace*, p. 194.

5. KOMISAR, *Being There*, p. 36.

6. LEVINE, Amir; HELLER, Rachel. *Maneiras de amar: Como a ciência do apego adulto pode ajudar você a encontrar – e manter – o amor.* Rio de Janeiro: Editora Sextante, 2021.

7. SZALAVITZ, Maia; PERRY D., Bruce. *Born for Love: Why Empathy Is Essential — and Endangered.* Nova Iorque: William Morrow, 2011. p. 20.

8. DEWAR, Gwen. Newborn Cognitive Development: What Do Babies Know, and How Do They Learn? *Parenting Science*, [S.l.], [s.d.]. Disponível em: www.parentingscience.com/newborn-cognitive-development.html. Acesso em: 2 dez. 2020.

9. SIEGEL J. Daniel e Bryson, Tina Payne. *O Cérebro da Criança: 12 estratégias revolucionárias para nutrir a mente em desenvolvimento do seu filho e ajudar sua família a prosperar.* São Paulo: nVersos, 2015.

10. BLACK, Maureen M. et al. Early childhood development coming of age: science through the life course. The Lancet, Londres, v. 389, n. 10064, p. 77–90, 2017.

11. HAMBRICK P. Erin et al., Beyond the ACE Score: Examining Relationships Between Timing of Developmental Adversity, Relational Health and Developmental Outcomes in Children. *Archives of Psychiatric Nursing v. 33, n. 3, p. 238-247, 2019.*

12. SCHORE, Allan. The American Bowlby: an interview with Allan Schore. Entrevista concedida a Roz Carroll. [S.l.], mar. 2001. Entrevista por telefone.

13. CENTER FOR DESEASE CONTROL AND PREVENTION. Essentials for Childhood: Creating Safe, Stable, Nurturing Relationships and Environments for All Children, 18 nov. 2020. Disponível em: https://www.cdc.gov/violenceprevention/pdf/essentials-for-childhood-framework508.pdf.

14. AIR-MERRIT, Megan H. et al. A Framework for Thriving: A Comprehensive Approach to Child Health — CHCS Blog, *Center for Health Care Strategies*, 13 out. 2020. Disponível em: www.chcs.org/a-frameworkfor- thriving-a-comprehensive-approach-to-child-health.

15. KOMISAR. *Being There*, 207.

16. ROBLEDO, Jhoanna. Developmental milestone: separation and independence. BabyCenter, 12 dez. 2018. Disponível em: https://www.babycenter.com/baby/baby-development/developmental-milestone-separation-and-independence_6577.

17. HARVARD UNIVERSITY CENTER ON THE DEVELOPING CHILD. ACEs and toxic stress: frequently asked questions, 20 set. 2020. Disponível em: https://developingchild.harvard.edu/resources/aces-and-toxic-stress-frequently-asked-questions/. RICH, Adrienne. It is hard to write about my own mother: on the deep complexity of the mother–daughter relationship. Literary Hub, 24 ago. 2018. Disponível em: https://lithub.com/adrienne-rich--it-is-hard-to-write-about-my-own-mother.

18. RICH. *It is Hard to Write About My Own Mother.*

19. Ibid.

20. RICH, Adrienne. *Of Woman Born: Motherhood as Experience and Institution*. New Iorque: W. W. Norton, 1986. p. 237.

21. MENAKEM, Resmaa. *My Grandmother's Hands: Racialized Trauma and the Pathway to Mending Our Hearts and Bodies*. Las Vegas: Central Recovery Press, 2017 42.

22. WINNICOTT, Donald Woods. *O brincar e a realidade*. São Paulo: Ubu Editora, 2019.

23. IACOBONI, Marco. The mirror neuron revolution: explaining what makes humans social. Entrevista concedida a Jonah Lehrer. *Scientific American*. Disponível em: https://www.scientificamerican.com/article/the-mirror-neuron-revolut. Acesso em: 1 Jul. 2008.

24. "Why Former U.S. Surgeon General Vivek Murthy Believes Loneliness Is a 'Profound' Public Health Issue". Washington Post Live [vídeo], 15 mai. 2018. 5:46 min. Disponível em: www.washingtonpost.com/video/postlive/former-s urgeon-general-dr-vivek-murthy-people-who--are-lonely-live-shorter-li ves/2018/05/15/4632188e-5853-11e8-9889-07bcc1327f4b_video.html

Capítulo 2

1. SIEGEL, Daniel J. The Verdict Is In: The Case for Attachment Theory. *Psychotherapy Networker*, mar/abr. 2011. Disponível em: www.psychotherapynetworker.org/magazine/article/343/the-verdict-is-in.

2. SIEGEL, Daniel J. *A Mente em Desenvolvimento: Como os Relacionamentos e o Cérebro Interagem para Moldar Quem Somos*, 2ª ed. São Paulo: nVersos Editora, 2023.

3. PSYCHOLOGY HUB. Bowlby's theory of maternal deprivation: Romanian orphan studies — effects of institutionalization. 16 mar. 2017. Disponível em: http://web.archive.org/web/20210302113817/https://psychologyhub.co.uk/bowlbys-theory-of-maternal-deprivation--romanian-orphan-studies-effects-of-institutionalisation/.

4. CHERRY, Kendra. Biography of psychologist John Bowlby: the founder of attachment theory. *Verywell Mind*. Disponível em: https://www.verywellmind.com/john-bowlby-biography-1907-1990-2795514. Acesso em: 29 mar. 2020.

5. SCHORE, Allan N. Attachment and the regulation of the right brain. *Attachment & Human Development*, v. 2, n. 1, p. 23–47, 2000.

6. SCHORE, Allan N. The Experience-Dependent Maturation of a Regulatory System in the Orbital Prefrontal Cortex and the Origin of Developmental Psychopathology. *Development and Psychopathology*, v. 8, n. 1, p. 59–87, 1996.

7. GRAF, Peter; SCHACTER, Daniel L. Selective Effects of Interference on Implicit and Explicit Memory for New Associations. *Journal of Experimental Psychology: Learning, Memory, and Cognition*, v. 13, n. 1, p. 45–53, 1987.

8. SCHULTE, Brigid. Effects of child abuse can last a lifetime: watch the 'still face' experiment to see why. *The Washington Post* (blog), [S.l.], 16 set. 2013. Disponível em: https://www.washingtonpost.com/blogs/she-the-people/wp/2013/09/16/affects-of-child-abuse-can-last--a-lifetime-watch-the-still-face-experiment-to-see-why.

9. SCHORE. *Attachment and the Regulation of the Right Brain.*

10. DOUGHERTY, Karen (Prod.). Mother–infant communication: the research of Dr. Beatrice Beebe promo. [S.l.]: YouTube, 23 jun. 2016. 1 min 3 s. Disponível em: https://www.youtube.com/watch?v=rEMge2FeREw.

11. LEVINE, Amir; HELLER, Rachel. *Maneiras de amar: Como a ciência do apego adulto pode ajudar você a encontrar – e manter – o amor*. Rio de Janeiro: Editora Sextante, 2021.

12. BROWN, Daniel P.; ELLIOTT, David S. *Attachment Disturbances in Adults: Treatment for Comprehensive Repair*. Nova Iorque: W. W. Norton, 2016.

13. MILLER, Jean Baker. Connections, disconnections, and violations. *Work in Progress*, Wellesley, MA: Stone Center Working Paper Series, n. 33, 1988. p. 5.

14. PEYTON, Sarah. *Are you suffering from alarmed aloneness?* Entrevista concedida a *OM Times Podcast*, 12 jul. 2019. Disponível em: http://podcast.omtimes.com/e/sarah-peyton-are-you-suffering-from-alarmed-aloneness.

capítulo 3

1. SOUTH AFRICA MAIL & GUARDIAN. Your first 1000 days shape the rest of your life. 9 dez. 2016. Disponível em: https://mg.co.za/article/2016-12-09-00-your-first-1000-days-shape-the-rest-of-your-life.

2. SMITH, Dana G. Opioid-Dependent Newborns Get New Treatment: Mom Instead of Morphine. *California Health Care Foundation*, 1 ago. 2019. Disponível em: www.chcf.org/blog/opioid-dependent-newborns-get-new-treatment.

3. WEBER, Ashley M.; HARRISON, Tondi M.; STEWARD, Deborah K. Expanding Regulation Theory with Oxytocin: A Psychoneurobiological Model for Infant Development, *Nursing Research* v. 67, n. 2, p. 133, mar/abr 2018.

4. ELSEVIER. Maternal Separation Stresses the Baby, Research Finds, *ScienceDaily*, 2 nov. 2011. Disponível em: www.sciencedaily.com/releases/201 1/11/111102124955.htm.

5. SANTOS-LONGHURST, Adrienne. Why Is Oxytocin Known as the 'Love Hormone'? And 11 Other FAQs, *Healthline Parenthood*, 30 ago. 2018. Disponível em: www.healthline.com/health/love-hormone.

6. BERGMAN, Jill. Skin-to-Skin Contact, *La Leche League International*, 8 nov. 2018. Disponível em: www.llli.org/skin-to-skin-contact; **Narvaez, Darcia.** The Tremendous Benefits of Breast Milk: An Evolved Nest Podcast, *Kindred Media*, 6 ago. 2020. Disponível em: www.kindredmedia.org/2020/08/the-tr emendous-benefits-of-breast-milk-an-evolved-nest-podcast.

7. MEANEY, Michael J. Maternal Care, Gene Expression, and the Transmission of Individual Differences in Stress Reactivity Across Generations, *Annual Review of Neuroscience*, v. 24, n. 1 p. 1170, 2001

8. RICHTER, Linda. The importance of caregiver-child interactions for the survival and healthy development of young children: a review. Geneva: World Health Organization, 2004. Disponível em: https://www.who.int/maternal_child_adolescent/documents/924159134X/en.

9. Ibid.

10. HARLOW, Harry F.; HARLOW, Margaret Kuenne; MEYER, Donald R. Learning Motivated by a Manipulation Drive. *Journal of Experimental Psychology v. 40, n. 2, p. 228, abr. 1950.*

11. YEHUDA, Rachel et al. Low Cortisol and Risk for PTSD in Adult Offspring of Holocaust Survivors. *American Journal of Psychiatry* v. 157. n. 8, p. 1252-1259, ago. 2000.

12. LEHRNER Amy; YEHUDA, Rachel. Cultural Trauma and Epigenetic Inheritance. *Development and Psychopathology*, v. 30, n. 5, p. 1763-1777, dez. 2018.

13. LIPTON, Bruce H. Maternal emotions and human development. *Birth Psychology*. Disponível em: https://web.archive.org/web/20121113215219/https://birthpsychology.com/free-article/maternal-emotions-and-human-development.

14. WOLYNN, Mark. It Didn't Start with You: How Inherited Family Trauma Shapes Who We Are and How to End the Cycle. Nova Iorque: Penguin, 2017. p. 25.

15. SHIEL, William C. Definition of Epigenectics, *MedicineNet*, 21 dez. 2018. Disponível em: www.medicinenet.com/epigenetics/definition.htm.

16. UNIVERSITY OF CAMBRIDGE. Scientists discover how epigenetic information could be inherited. *Research*, 25 jan. 2013. Disponível em: https://www.cam.ac.uk/research/news/scientists-discover-how-epigentic-information-could-be-inherited.

17. KOMISAR, Erica. *Being There*. p. 36.

18. DIVECHA, Diana. How Cosleeping Can Help You and Your Baby. *Greater Good Magazine: Science-Based Insights for a Meaningful Life* , 7 fev. 2020. Disponível em: https://greatergood.berkeley.edu/article/item/how_cosleeping_can_help_you_and_your_baby.

19. MCKENNA, James J. *Safe Infant Sleep: Expert Answers to Your Cosleeping Questions*. Washington, D.C.: Platypus Media, 2020.

20. KOMISAR, Erica. *Being There*. p.101.

21. SEARS, William. *Nighttime Parenting: How to Get Your Baby and Child to Sleep*. Nova Iorque: Plume, 1999.

22. MCKENNA, James J.; BALL Hellen L.; GETLER, Lee T. Mother–Infant Cosleeping, Breastfeeding and Sudden Infant Death Syndrome: What Biological Anthropology Has Discovered About Normal Infant Sleep and Pediatric Sleep Medicine. *American Journal of Physical Anthropology: The Official Publication of the American Association of Physical Anthropologists*, v. 134, n. S45, p. 133-161, p. 135.

23. Ibid. p. 47.

24. UNIVERSITY OF NOTRE DAME MOTHER–BABY BEHAVIORAL SLEEP LABORATORY. Safe cosleeping guidelines. Disponível em: https://cosleeping.nd.edu/safe-co-sleeping-guidelines. Acesso em: 3 dez. 2020.

25. KOMISAR, Erica. *Being There*. p. 90.

26. KOLK, Bessel Van der. *The Body Keeps the Score: Brain, Mind, and Body in the Healing of Trauma*. Nova Iorque: Penguin, 2015. p. 217.

capítulo 4

1. BRACH, Tara. Healing Addiction: De-Conditioning the Hungry Ghosts. 29 mar. 2017. Disponível em: www.tarabrach.com/healing-addiction.

2. IANNELLI, Vincent. Normal Heart Rate for Children. *Verywell Family*, 3 fev. 2020. Disponível em: www.verywellfamily.com/normal-pulserates-for-kids-2634038.

3. HARVARD MENTAL HEALTH LETTER. Why Stress Causes People to Overeact, atualizado em 13 out. 2020. Disponível em: www.health.harvard.edu/staying-healthy/why-stress-causes-people-to-overeat.

4. ROTH, Geneen. *When Food Is Love: Exploring the Relationship Between Eating and Intimacy* Nova Iorque: Penguin, 1992. p. 19.

5. DENWORTH, Lydia. The Loneliness of the 'Social Distancer' Triggers Brain Cravings Akin to Hunger ," *Scientific American*, 2 abri. 2020. Disponível em: www.scientificamerican.com/article/the-loneliness-of-the-social-distancer-triggers-brain-cravings-akin-to-hunger.

6. SPROUT, Staci. E-mail à autora, 19 fev. 2020. Comunicação pessoal.

7. GAY, Roxane. *Fome: uma autobiografia do (meu) corpo.* Rio de Janeiro: Globolivros, 2017. p. 166.

8. Ibid. p. 231.

9. KATEHAKIS, Alexandra. *Sexual Addiction as Affect Dysregulation: A Neurobiologically Informed Holistic Treatment.* Nova Iorque: W. W. Norton, 2016. p. 57.

10. ROTH. *When Food Is Love.* p. 78.

11. KOMISAR, Erica. *Being There.* p. 93.

12. KASL, Charlotte Davis. *Women, Sex, and Addiction: A Search for Love and Power.* Nova Iorque: HarperCollins, 1990. p. 127.

13. Ibid. p. 281.

14. SPROUT, Staci. E-mail à autora, 19 fev. 2020. Comunicação pessoal.

Capítulo 5

1. WALLACE, David Foster. This is water. Discurso de formatura na Kenyon College, Gambier, Ohio, 21 maio 2005. Disponível em: https://fs.blog/2012/04/david-foster-wallace-this-is-water.

2. DAYAL, Anjali. We must reckon with the terrible realities hidden in plain sight. *On Being* (blog), 2 abr. 2018. Disponível em: https://onbeing.org/blog/anjali-dayal-we-must-reckon-with-the-terrible-realities-hidden-in-plain-sight.

3. REED, Evelyn. *Woman's Evolution: From Matriarchal Clan to Patriarchal Family.* Nova Iorque: Pathfinder Press, 1975. p. 293.

4. SERRALLACH, Oscar. Healing the mother wound. Goop, [S.l.], [s.d.]. Disponível em: https://goop.com/wellness/relationships/healing-the-mother-wound. Acesso em: 28 dez. 2020.

5. MULVEY, Laura. Visual pleasure and narrative cinema. *Screen*, v. 16, n. 3, p. 6–18, set-dez. 1975.

6. ENGELN, Renee. *Beauty Sick: How the Cultural Obsession with Appearance Hurts Girls and Women* Nova Iorque: Harper Collins, 2017. p. 45.

7. Veja: **KATZ, Jackson.** *Violence against women — it's a men's issue.* Palestra apresentada em: TEDxFiDiWomen, São Francisco, 5 dez. 2013. Disponível em: https://www.ted.com/talks/jackson_katz_violence_against_women_it_s_a_men_s_issue.

8. BUCHWALD, Emilie; FLETCHER, Pamela; ROTH, Martha (Orgs.). *Transforming a rape culture.* Ed. rev. Minneapolis: Milkweed Press, 2005. p. xi.

9. SELLGREN, Katherine. Pornography 'Desensitising Young People. *BBC News*, 15 jun. 2016. Disponível em: www.bbc.com/news/education-36527681.

10. DINES, Gail. The Porn Crisis. Disponível em: www.gaildines.com/

the-porn-crisis. Acesso em: 15 nov. 2020.

11. LEAVITT, Judith. *The Sexual Alarm System: Women's Unwanted Response to Sexual Intimacy and How to Overcome It.* Nova Iorque: Jason Aronson, 2012. p. 38.

12. Ibid. p. 10.

13. Veja: **TAYLOR, Shelley E.** Tend and befriend theory. In: VAN LANGE, Paul A. M.; KRUGLANSKI, Arie W.; HIGGINS, E. Tori (Orgs.). *Handbook of theories of social psychology.* v. 1. Thousand Oaks, CA: Sage, 2012. p. 32–49.

14. SCHACHTER, Stanley. *The psychology of affiliation: experimental studies of the sources of gregariousness.* Redwood City, CA: Stanford University Press, 1959. p. 71.

15. TAYLOR, Shelley E. et al. Biobehavioral responses to stress in females: tend-and-befriend, not fight-or-flight. *Psychological Review*, v. 107, n. 3, p. 411–429, jul. 2000.

16. KORBEL, Marissa. Sometimes you make your rapist breakfast: inside the controversial — and often confusing — 'tending instinct' of women. *Harper's Bazaar*, 25 abr. 2018. Disponível em: https://www.harpersbazaar.com/cultura/artigos/a19158567/what-is-rape.

Capítulo 6

1. YEHUDA, Rachel; HALLIGAN, Sarah L.; GROSSMAN, Robert. Childhood Trauma and Risk for PTSD: Relationship to Intergenerational Effects of Trauma, Parental PTSD, and Cortisol Excretion. *Development and Psychopathology*, v. 13, n. 3, p. 733-753, set. 2001.

2. MEANEY. Maternal Care, Gene Expression, and the Transmission of Individual Differences in Stress Reactivity Across Generations.

3. SCHWEDEL, Heather. Dirty John Sneakily Made Its Delicious Mean-Girl Daughters the Real Heroes. *Slate*, 14 jan. 2019. Disponível em: https://slate.com/culture/2019/01/dirty-john--season-1-finale-review-sisters-daughters.html.

4. NOLASCO, Stephanie. Dirty John' Victim Recalls Daughter Screaming She Had Killed Con Man. *New York Post*, 11 jan. 2019. Disponível em: https://nypost.com/2019/01/11/dirty--john-victim-recalls-daughter-screaming-she-had-killed-con-man.

5. PORGES, Stephen W. *The Polyvagal Theory: Neurophysiological Foundations of Emotions, Attachment, Communication, and Self- Regulation*, Norton Series on Interpersonal Neurobiology. Nova Iorque: W. W. Norton, 2011.

6. PEYTON, Sarah. *Your Resonant Self: Guided Meditations and Exercises to Engage Your Brain's Capacity for Healing*. Nova Iorque: W. W. Norton, 2017. p. 153.

7. WLATERS, Sara F.; WEST, Tessa V.; MENDES, Wendy Berry. Stress Contagion: Physiological Covariation Between Mothers and Infants. *Psychological Science*, v. 25, n. 4, p. 934-942, abr. 2014.

8. MATÉ, Gabor. Love is not enough. Produzido por KidCare Canada. Vídeo (YouTube), 4 min 10 s, 1º jun. 2013. Disponível em: https://www.youtube.com/watch?v=Xy57UpKRNE0.

9. CHILD MIND INSTITUTE. Not all attention problems are ADHD. Disponível em: https://childmind.org/article/not-all-attention-problems-are-adhd. Acesso em: 3 dez. 2020.

10. CENTERS FOR DESEASE CONTROL AND PREVENTION. About the CDC-Kaiser ACE Study. Disponível em: cdc.gov/violenceprevention/acestudy/about.html. Acesso em: 10 jun. 2020. FELITTI, Vincent J. et al. Relationship of Childhood Abuse and Household Dysfunction to Many of the Leading Causes of Death in Adults: The Adverse Childhood Experiences (ACE) Study. *American Journal of Preventive Medicine*, v. 14, n. 4, p. 245-258, maio 1998.

11. PARTRIDGE, Simon. The Origins of the Adverse Childhood Experiences Movement and Child Sexual Abuse: A Brief History. *Attachment* v. 13, n. 1, p. 113-116, jun 2019.

12. TIMSIT, Annabelle. California's New Surgeon General Changed the Way We Understand Childhood Trauma. *Quartz*, 24 jan 2019. Disponível em: https://qz.com/1530399/nadine-burke-harris-californias-first-surgeon-general-changed-the-way-we-understand-childhood-trauma.

13. HARRIS, Nadine Burke. How childhood trauma affects health across a lifetime. Palestra apresentada em: TEDMED, São Francisco, set. 2014. Disponível em: https://www.ted.com/talks/nadine_burke_harris_how_childhood_trauma_affects_health_across_a_lifetime.

14. KOMISAR, Erica. *Being There*. p. 89.

15. GUNNAR, Megan R. et al. The Rise in Cortisol in Family Daycare: Associations with Aspects of Care Quality, Child Behavior, and Child Sex. *Child Development*, v. 81, n. 3, p. 851-869, mai/jun 2010.

16. WEERTH, Carolina de; BUITELLAR, Jan K.; BEIJERS, Roseriet. Infant Cortisol and Behavioral Habituation to Weekly Maternal Separations: Links with Maternal Prenatal cortisol and Psychosocial Stress. *Psychoneuroendocrinology* v. 38, n. 12, p. 2863-2874, dez. 2013.

17. KOMISAR, Erica. *Being There*. p. 138.

18. Ibid. p. 41.

19. NEUFELD, Gordon. Preparing for Motherhood: You're More Equipped Than You Think. Décima Conferência Anual de Vancouver Neufeld. Vídeo (YouTube) 1h 09min 23s, abr. 2018. Disponível em: www.youtube.com/watch?v=hz9VWWg1bWY.

20. KOMISAR, Erica. *Being There.* p. 82.

21. Ibid. p.198.

22. DAMOUR, Lisa. *Under Pressure: Confronting the Epidemic of Stress and Anxiety in Girls.* Nova Iorque: Ballantine Books, 2020. p. xvii.

23. CHILD MIND INSTITUTE. From Aromatherapy to Anger Managemant: How Schools are Addressing the "Crisis" of Childhood Trauma. 20 maio 2019. Disponível em: https://childmind.org/news/from-aromatherapy-to-anger-management-how-schools-are-addressing-the-crisis-of-childhood-trauma.

24. POST, Robert M. Kindling and Sensitization as Models for Affective Episode Recurrence, Cyclicity, and Tolerance Phenomena. *Neuroscience & Biobehavioral Reviews*, v. 31, n. 6, p. 858-873, abr. 2007.

25. ORENSTEIN, Peggy. What Young Women Believe About Their Own Sexual Pleasure. Palestra TED, São Francisco, out. 2016. Vídeo (YouTube), 17min 4s. Disponível em: www.youtube.com/watch?v=a-BrIRTWnFQ.

26. ORENSTEIN, Peggy. 'Girls and Sex' and the Importance of Talking to Young Women About Pleasure. Entrevista concedida a Terry Gross, Fresh Air, 29 mar. 2016. Disponível em: www.npr.org/sections/healthshots/2016/03/29/472211301/girls-sex-and-the-importance-of--talking-to-young-women-about-pleasure.

27. LEVY, Ariel. *Female Chauvinist Pigs: Women and the Rise of Raunch Culture.* Nova Iorque: Free Press, 2005. p. 162.

28. RYAN, Sloane; POWELL, Roo. I'm a 37-year-old mom & I spent seven days online as an 11-year-old girl. Here's what I learned. *Medium*, 13 dez. 2019. Disponível em: https://medium.com/@sloane_ryan/im-a-37-year-old-mom-i-spent-seven-days-online-as-an-11-year-old--girl-here-s-what-i-learned-9825e81c8e7d.

29. BARK. Social media dangers exposed by mom posing as 11-year-old. Vídeo (YouTube), 9 min 31 s, 20 fev. 2020. Disponível em: https://www.youtube.com/watch?v=dbg4hNHsc_8. .

30. MATÉ, Gabor. *In the Realm of Hungry Ghosts: Close Encounters with Addiction.* Berkeley, CA: North Atlantic Books, 2010. p. 272.

31. SCHOFIELD, Sally. The ins and outs of alternate nostril breathing. *YogaLondon* (blog), 18 dez. 2018. Disponível em: https://yogalondon.net/monkey/the-ins-and-outs-of-alternate-nostril-breathing.

Capítulo 7

1. BRODEUR, Adrienne. *Wild Game: My Mother, Her Secret, and Me.* Nova Iorque: Houghton Mifflin Harcourt, 2019. p. 14.

2. Ibid. p. 98.

3. Ibid. p. 24.

4. Ibid. p. 98.

5. D'ASTICE, Teresa; RUSSELL, William P. Enmeshment in couples and families. In: LEBOW, Jay L.; CHAMBERS, Anthony L.; BREUNLIN, Douglas C. (Orgs.). *Encyclopedia of couple and family therapy.* Nova Iorque: Springer International Publishing, 2019. Disponível em: https://doi.org/10.1007/978-3-319-49425-8_1021.

6. ADAMS, Kenneth. *Silently Seduced: When Parents Make Their Children Partners.* Deerfield Beach, FL: Health Communications, Inc., 2011.

7. DEYOUNG, Patricia A. *Understanding and Treating Chronic Shame: A Relational/Neurobiological Approach.* Nova Iorque: Routledge, 2015. p. 95.

8. BRODEUR. *Wild Game.* p. 50.

9. Ibid. p. 50.

10. Ibid. p. 97.

11. KORBEL. *Sometimes You Make Your Rapist Breakfast.*

12. CROSSMANN, Karin et al. The Uniqueness of the Child–Father Attachment Relationship: Fathers' Sensitive and Challenging Play as a Pivotal Variable in a 16-Year Longitudinal Study. *Social Development* v. 11, n.3, p. 301-337, jul. 2002.

13. VINOPAL, Lauren. How Fathers of Daughters Can Help Women Make More Money. *Ladders*, 22 jul. 2019. Disponível em: www.theladders.com/career-advice/how-fathers-of--daughters-can-help-women-make-more-money.

14. ROSEN, Wendy B. On the Integration of Sexuality: Lesbians and Their Mothers. In: *Women's Growth in Diversity: More Writings from the Stone Center*, ORG: Judith V. Jordan. Nova Iorque: Guilford Press, 1997. p. 239–259.

15. NORTHRUP, Christiane. *Women's Bodies, Women's Wisdom: Creating Physical and Emotional Health and Healing* , 5ª ed. Nova Iorque: Bantam, 1994. p. 4.

Capítulo 8

1. JESSEL, George. apud TORGESON, Dial. Judy Garland dies in London at 47; tragedy haunted star. *Los Angeles Times*, 23 jun. 1969. Disponível em: https://www.latimes.com/local/obituaries/archives/la-me-judy-garland-19690623-story.html.

2. JOHNSON, Caitlin. A Film on the French Judy Garland. *CBS Sunday Morning*, 7 jun. 2007. Disponível em: www.cbsnews.com/news/a-film-on-the-french-judy-garland.

3. GARLAND, Judy. *Today Show*. Entrevista por Barbara Walters, mai. 1967. Vídeo (YouTube), 19min 1s. Disponível em: www.youtube.com/watch?v=NHJujYMvY3o.

4. HAYNES, Suyin. The True Story Behind the Movie Judy. *Time*, 26 set. 2019. Disponível em: https://time.com/5684673/judy-garland-movie-true-story.

5. KERR, Alison. The Lasting Love for Edith Piaf, and Her Last Love. *The Herald*, 20 nov. 2015. Disponível em: www.heraldscotland.com/arts_ents/14094390.the-lasting-love-for-edith-piaf-and-her-last-love.

6. KETTLER, Sara. Inside Judy Garland's Troubled Youth. atualizado em 1º out. 2020. Disponível em: www.biography.com/news/judy-garland-facts-bio.

7. ENCYCLOPAEDIA BRITANNICA. Edith Piaf, French singer. Atualizado em: 20 dez. 2020. Disponível em: https://www.britannica.com/biography/Edith-Piaf.

8. EDWARDS, Anne. *Judy Garland: A Biography*. Lanham, MD: Taylor Trade Publishing, 2013.

9. KERR. The Lasting Love for Edith Piaf, and Her Last Love. Disponível em: www.heraldscotland.com/arts_ents/14094390.the-lasting-love-for-edith-piaf-and-her-last-love.

10. EDWARDS, *Judy Garland: A Biography*.

11. ROMER, Megan. The Tragic Death of French Cabaret Sweetheart Edith Piaf. *liveaboutdotcom*, 7 jun. 2018. Disponível em: www.liveabout.com/how-did-edith-piaf-die-3552707.

12. HERMAN, Judith Lewis. Complex PTSD: A Syndrome in Survivors of Prolonged and Repeated Trauma. *Journal of Traumatic Stress*, v. 5, n. 3, p. 380, jul. 1992.

13. RACINE, Nicole M. et al. Systematic Review: Predisposing, Precipitating, Perpetuating, and Present Factors Predicting Anticipatory Distress to Painful Medical Procedures in Children. *Journal of Pediatric Psychology*, v. 41, n. 2, p. 159-181, mar. 2016.

14. JAY, Susan M.; OZOLINS, Mickey; ELLIOTT, Charles H.; CALDWELL, Steven. Assessment of Children's Distress During Painful Medical Procedures. *Health Psychology*, v. 2, n. 2, p. 133, 1983.

15. SHU, Jennifer. The American Academy of Pediatrics on Spanking Children: Don't Do It, Ever. Entrevista por Lulu Garcia Navarro, *Weekend Edition*, 11 nov. 2018. Disponível em: www.wbur.org/npr/666646403/the-american-academy-of-pediatrics-on-spanking-children-dont-do-it-ever.

16. Ibid.

17. BRAND, Julie. *A Mother's Touch: Surviving Mother–Daughter Sexual Abuse*. Bloomington, IN: Trafford, 2007. p. 153.

18. NATIONAL COALITION AGAINST DOMESTIC VIOLENCE. Dynamics of abuse. Disponível em: https://ncadv.org/dynamics-of-abuse. Acesso em: 5 jan. 2021.

19. CENTER ON THE DEVELOPING CHILD AT HARVARD UNIVERSITY. In brief: the impact of early adversity on children's development. Disponível em: https://developingchild.harvard.edu/resources/inbrief-the-impact-of-early-adversity-on-childrens-development. Acesso em: 5 set. 2020.

20. NATIONAL COALITION AGAINST DOMESTIC VIOLENCE. Dynamics of abuse.

21. BEEBE, Beatrice; LACHMANN, Frank. *The Origins of Attachment: Infant Research and Adult Treatment*, Relational Perspectives Book Series. Nova Iorque: Routledge, 2014.

22. DUTTON, Donald; PAINTER, Susan L. Traumatic Bonding: The Development of Emotional Attachments in Battered Women and Other Relationships of Intermittent Abuse *Victimology: An International Journal, v. 6, n. 4, p. 139-155, 1981.*

23. The Strange Situation – Mary Ainsworth. Vídeo (Youtube), 3min 14s. Disponível em: www.youtube.com/watch?v=QTsewNrHUHU.

24. SCHUENGEL, Carlo et al. Frightening Maternal Behavior Linking Unresolved Loss and Disorganized Infant Attachment. *Journal of Consulting and Clinical Psychology , v. 67, n. 1, p. 54-63, mar. 1999. Disponível em:* https://doi.org/10.1037/0022-006x.67.1.540.

25. KORBEL. Sometimes You Make Your Rapist Breakfast.

26. OGDEN, Pat; MINTON, Kekuni; PAIN, Claire. *Trauma and the Body: A Sensorimotor Approach to Psychotherapy, Série Norton sobre Neurobiologia Interpessoal.* Nova Iorque: W. W. Norton, 2006. p. 10.

27. PLATT, Melissa G.; FREYD, Jennifer J. Betray My Trust, Shame on Me: Shame, Dissociation, Fear, and Betrayal Trauma, *Psychological Trauma: Theory, Research, Practice, and Policy*, v. 7, n. 4, p. 398-404, jan. 2015.

28. BOVIN, Michelle J. et al. Tonic Immobility Mediates the Influence of Peritraumatic Fear and Perceived Inescapability on Posttraumatic Stress Symptom Severity Among Sexual Assault Survivors. *Journal of Traumatic Stress: Publicação Oficial da International Society for Traumatic Stress Studies*, v. 21, n. 4, p. 402-409, ago. 2008.

29. FREYD, Jennifer; BIRRELL, Pamela. *Blind to Betrayal: Why We Fool Ourselves We Aren't Being Fooled.* Hoboken, NJ: Wiley & Sons, 2013. p. 56.40

30. Ibid. p. 95.

31. KOLK, Van der. *The Body Keeps the Score.* p. 133.

32. PORGES, Stephen W. The Polyvagal Theory: New Insights into Adaptive Reactions of the Autonomic Nervous System. *Cleveland Clinic Journal of Medicine*, v. 76, n. 4, p. S86, fev. 2009.

33. GHOLIPOUR, Bahar. Strange Case of "Hyper Empathy" after Brain Surgery. *LiveScience*, 11 set. 2013. Disponível em: www.livescience.com/39560-hyper-empathy-case-report.html.

34. GAZZANIGA, Michael et al. *Cognitive Neuroscience: The Biology of the Mind.* 3ª ed. Nova Iorque: W. W. Norton & Company, 2008.

35. DEYOUNG. *Understanding and treating chronic shame.* p. 35.

36. Veja, por exemplo: **OGDEN, Pat; MINTON, Kekuni; PAIN, Clare.** Trauma and the body.

Capítulo 9

1. BOWLBY, John. *A Secure Base: Parent–Child Attachment and Healthy Human Development* Nova Iorque: Basic Books, 1990. p. 140.

2. PEYTON. *Your Resonant Self*. p. 37.

3. OHAYON, Ilanit Hasson et al. Neuro-cognition and Social Cognition Elements of Social Functioning and Social Quality of Life. *Psychiatry Research*, v. 258, p. 538-543, set. 2017.

4. DOKA, Kenneth J. *Disenfranchised Grief: Recognizing Hidden Sorrow*. Washington, D.C.: Lexington Books, 1989.

5. KUBLER-ROSS, Elisabeth; KESSLER, David. *On Grief and Grieving: Finding the Meaning of Grief Through the Five Stages of Loss* Nova Iorque: Scribner, 2005.

6. Comunicação pessoal com a autora, janeiro de 2019.

7. Veja **ALEXANDER, Bruce K.** Rat Park. Disponível em: www.brucekalexander.com/articles-speeches/rat-park. Acesso em: 6 jan. 2021.

8. EMPORIUM, Asheville. Wonder Woman 78 Years Strong. Disponível em: http://asheville-emporium.com/wonder-woman-78-years-strong.

9. DEYOUNG. *Understanding and Treating Chronic Shame*. p. 162.

10. Ibid. p. 87.

Capítulo 10

1. FORWARD, Susan. *Mothers Who Can't Love: A Healing Guide for Daughters*. Nova Iorque: Harper Collins, 2013. p. 13.

2. GRUBER, Kenneth J.; CUPIO, Susan H.; DOBSON, Christina F. Impact of Doulas on Healthy Birth Outcomes. *Journal of Perinatal Education*, v. 22, n. 1, p. 49-58, inverno 2013.

3. Veja: **DARCIA.** Evolved Nest. Disponível em: https://evolvednest.org/about. Acesso em: 8 jan. 2021.

Conclusão

1. OFFICE OF COVERNOR GAVIN NEWSOM. Governor Newsom Announces $42 Million to Protect Foster Youth and Families Impacted by COVID-19, 13 abr. 2020. Disponível em: www.gov.ca.gov/2020/04/13/governor-newsom-announces-42-million-to-protect-foster-youth-and-families-impacted-by-covid-19.

2. **ROUBINOV, Danielle; BSUH, Nicole R.; BOYCE, Thomas W.** How a Pandemic Could Advance the Science of Early Adversity. *JAMA Pediatrics*, v. 174, n. 12, p. 1131-1132, jun. 2020.

3. **ALEXROD, Jim.** The Smile Behind the Mask. *CBS News*, 6 set. 2020. Disponível em: www.cbsnews.com/news/the-smile-behind-the-mask.

4. **DENWORTH.** The Loneliness of the "Social Distancer" Triggers Brain Cravings Akin to Hunger. Disponível em: www.scientificamerican.com/article/the-loneliness-of-the-social-distancer-triggers-brain-cravings-akin-to-hunger.

5. **RENKL, Margaret.** *Late Migrations: A Natural History of Love and Loss*. Minneapolis: Milkweed, 2019. p. 218.